Das NEUE
Duden-Duell

Spiel 1
Rechtschreibung

Mögen die Spiele beginnen! Und wir beginnen – wie könnte es beim Duden anders sein – mit der Rechtschreibung. Groß- und Kleinschreibung bereiten Ihnen keine Kopfschmerzen? Kommas, Bindestriche und Doppelpunkte setzen Sie im Schlaf? Wenn für Sie obendrein die Schreibung von Fremdwörtern ein Leichtes ist, dann stehen Ihre Chancen gar nicht schlecht. Aber können Sie es wirklich mit dem Rechtschreibduden aufnehmen? Auf der nächsten Seite gehts los!

 Die Lösungswörter sind Wörter, die häufig falsch geschrieben werden.

1 Rechtschreibung

1

Runde Geburtstage bieten oft Gelegenheit für spontane Reden. Wenn man eine Rede unvorbereitet hält, dann hält man sie aus …

1 … dem Stegreif. **G**
2 … dem Stehgreif. **M**
3 … dem Steegreif. **P**

2

Wir haben die niedrigsten Preise! Das beste Angebot! Superlative wie »niedrigsten« und »beste« erscheinen oft mit der Präposition »am«. Aber werden sie dann großgeschrieben? In welchem Satz steckt ein Fehler?

1 Diesem Shop fehlt es am Nötigsten. **A**
2 Wir beraten Sie am Besten! **I**
3 Du hast am meisten gekauft. **C**

3

Regionale Köstlichkeiten sind das Beste am Urlaub. Doch wie schreibt man die folgende Spezialität richtig?

1 Schwarzwälder Schinken **N**
2 schwarzwälder Schinken **R**
3 Schwarzwälderschinken **U**

Wer wird bei diesem Wort wohl die ...

1 ... Miene verziehen?
2 ... Mine verziehen?
3 ... Mihne verziehen?

Infinitive mit »zu« machen es uns bei der Kommasetzung nicht einfach. In welchem der folgenden Sätze kann das Komma entfallen?

1 Statt zu jagen, lag unsere Katze auf dem Sofa.
2 Die meisten Katzen sind in der Lage, Mäuse zu fangen.
3 Die Katzen hatte die Absicht, zu schwimmen.

Kommen wir in null Komma nichts zur nächsten Frage! In welchem Satz ist die Großschreibung von »Null« richtig?

1 Die Stimmung ist unter Null gesunken.
2 Er fängt wieder bei Null an.
3 Sie ist eine richtige Null.

LÖSUNGSWORT   G I N G K O
                  1   2   3   4   5   6

7 Ein abgefallener Knopf, ein platter Reifen, ein zerbrochenes Glas – auch wenn sich manchmal Pech und Missgeschicke zu häufen scheinen, sollte man nicht gleich mürrisch werden. Wie wird das Wort für einen mürrischen Menschen richtig geschrieben?

1 Griesgram
2 Grieskram
3 Kriesgram

8 Nicht jede Trennung muss schmerzhaft sein! Aber welche Trennung ist *falsch*?

1 Zu-cker
2 Bü-cher
3 kat-holisch

9 Wann schreibt man Tageszeiten eigentlich groß, wann klein? Welche Schreibung ist *falsch*?

1 Seit heute esse ich nur noch vegan.
2 Brot mit Aufstrich gibts abends.
3 Ich habe schon seit heute morgen Hunger.

Onlineshopping liegt im Trend. Dazu braucht es zunächst die eigene Anschrift. Welches ist ein anderes Wort für »Anschrift«?

1 Addresse **T**
2 Adresse **L**
3 Adrese **F**

Gleicher Klang, gleicher Ursprung, aber trotzdem andere Bedeutung: Kennen Sie den Unterschied zwischen »wieder« und »wider«? Finden Sie die Wortgruppe mit dem Fehler.

1 Widerstand, wiedergeben, Widerholung **U**
2 wiederbekommen, Widerwille, zuwider **I**
3 widerspenstig, Widersacher, Wiederaufführung **W**

Nicht nur Fahrradfans kennen das folgende Werkzeug. Doch wie wird es geschrieben?

1 Imbus® **D**
2 Inbus® **S**
3 Innbus® **N**

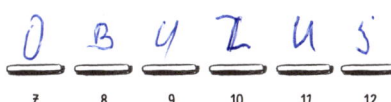

O B 4 Z U S

7   8   9   10   11   12

13 Zusammen oder getrennt? Das ist hier die Frage. Finden Sie den Satz mit dem Fehler?

1 Letztes Jahr hat Johanna das Autofahren gelernt. **D**
2 Elif kann ziemlich gut Klavierspielen. **A**
3 Beim Rasenmähen sollte man eine lange Hose tragen. **G**

14 Ich glaube, ich sehe doppelt … Welches Wort enthält ein »r« zu viel?

1 Vorrang **A**
2 vorrätig **S**
3 vorraus **N**

15 Darf ich Sie zitieren? – Keine seltene Frage im Journalismus. In welchem Satz ist die Zitationsweise korrekt?

1 »Katzen sind die intelligentesten Tiere«, behauptet John. **H**
2 John behauptet: »Katzen sind die intelligentesten Tiere«. **T**
3 »Katzen sind die intelligentesten Tiere.«, behauptet John. **M**

It's tea time! Was ist eine beliebte Art, den Tee zu genießen? 16

1 Chailatte ꞵ

2 Tschai Latte B

3 Chai Latte A

Wer wird sich denn bei der Schreibung mit »ß«, »ss« und »s« die Blöße geben? Oder doch Blösse? Oder gar Blöse? Wie wird das Wort richtig geschrieben? 17

1 »Blöße«, weil das »ö« lang gesprochen wird und somit ein »ß« folgt. N

2 »Blösse«, weil jedes »ß« im Zuge der Rechtschreibreform durch »ss« ersetzt wurde. M

3 »Blöse«, weil »ß« seit der Rechtschreibreform auch durch »s« ersetzt werden darf. E

Manchmal haben wir es selbst mit den Vokalen nicht ganz leicht. Welches der folgenden Wörter ist falsch geschrieben? 18

1 piksen L

2 pikfein D

3 Piksieben C

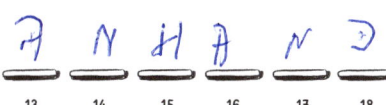

A N H A N D

13 14 15 16 17 18

13

19 Mut zur Lücke! Aber wie? Finden Sie die richtige Variante der Auslassungspunkte?

1 Sie glaubten, in Sicherheit zu sein, doch plötzlich … B

2 Sie glaubten, in Sicherheit zu sein, doch plötzlich… P

3 Sie glaubten, in Sicherheit zu sein, doch plötzlich … . A

20 Auch wenn es einigen Menschen nicht leichtfällt: Hin und wieder muss man Aufgaben auch einmal …

1 … deligieren. L

2 … diligieren. O

3 … delegieren. A

21 Jedes Jahr im Herbst ist es so weit – zig Kinder werden eingeschult. Wie nennt man Schulanfänger/-innen gelegentlich auch? Suchen Sie die *falsche* Schreibung.

1 Abcschützen und Abcschützinnen R

2 Abc-Schützen und Abc-Schützinnen A

3 Abeceschützen und Abeceschützinnen S

Wenn jemand seiner Leidenschaft nachgeht, dann …

22

1 … fröhnt er seiner Leidenschaft. **T**
2 … frönt er seiner Leidenschaft. **F**
3 … pfrönt er seiner Leidenschaft. **S**

Menschen aus dem Süden des deutschsprachigen Raums sind bei der folgenden Frage klar im Vorteil! Denn dort wird in der Aussprache noch eher als im Norden zwischen »ä« und »e« unterschieden. Wo ist der Fehler?

23

1 Käse, Krämer, gerben **I**
2 Berber, sperlich, karätig **U**
3 herb, lädiert, Pekannuss **E**

Manche Erziehungsstile geraten im Laufe der Zeit immer mehr aus der Mode. Besonders bekannt dafür ist der …

24

1 … authoritäre Erziehungsstil. **R**
2 … autoritäre Erziehungsstil. **ß**
3 … autorithäre Erziehungsstil. **U**

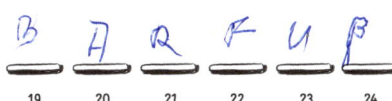

B	A	R	F	U	ß
19	20	21	22	23	24

25 Ob »d« oder »t«, das können wir im Deutschen am Wortende nicht hören, denn in beiden Fällen wird »t« gesprochen.
Welche Wortgruppe enthält den Fehler?

1 Rat, tot, Geld
2 Rad, Grad, Schilt
3 Wald, Grat, Tat

26 Wie lautet ein altes Wort für
»absichtlich, absichtsvoll«?

1 gepflissentlich
2 geflißentlich
3 geflissentlich

27 Das Land der unbegrenzten Möglichkeiten! So sagt man oft
über die USA. Doch wird »möglich« in den folgenden Sätzen
groß- oder kleingeschrieben? Welcher Satz enthält einen
Fehler?

1 Wir sollten, wenn möglich, Cronuts probieren. **T**
2 Bei unserer Reise in die USA will ich alles mögliche sehen. **K**
3 Eine Reise nach New York liegt absolut im Rahmen des
Möglichen! **E**

Wie nennt man alles, was bei einem Fahrzeug auf dem Fahrgestell liegt?

28

1 Karrosserie   **B**
2 Karoserie   **T**
3 Karosserie   **S**

Wenn jemand besonders einfühlsam ist, dann ist er sehr …

29

1 … emphatisch.   **H**
2 … empathisch.   **E**
3 … emphathisch.   **L**

Getrennt- oder Zusammenschreibung sind im Deutschen immer wieder eine Herausforderung. Das gilt auch bei der Verbindung von Präpositionen mit Substantiven. Welches Paar enthält einen Fehler?

30

1 anstelle / an Stelle   **O**
2 aufgrund / auf Grund   **L**
3 anstatt / an Statt   **N**

 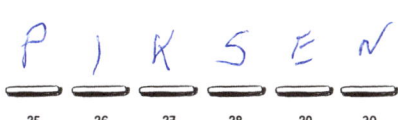

LÖSUNGSWORT

P I K S E N

25   26   27   28   29   30

31 Einmal kräftig strecken! Nach einem langen Mittagsschlaf muss man sich erst mal …

1 … räckeln. C

2 … reckeln. T

3 … rekeln. B

32 Bei Vergleichen mit »als« sind verschiedene Fälle zu unterscheiden. Wo fehlt das Komma?

1 Der Sommer war besser als erwartet. W

2 Das Essen schmeckt besser als ich vermutet habe. R

3 Wir haben mehr Essen als nötig. A

33 »Seit« und »seid« klingen gleich, doch bedeuten sie ganz Unterschiedliches. Welcher Satz ist richtig?

1 Sie lernt seid Jahren Klavier. H

2 Ihr seit heute aber sehr aufgeregt! V

3 Seit ich das Buch lese, hat sich mein Leben verbessert. E

Das Wort »Litfaßsäule« wird mit »ß« und nicht mit »ss« geschrieben, weil ...

1 ... diese Art der Werbung nach einem Herrn Litfaß benannt ist und »ß« in Namen nicht in »ss« geändert wird. **Z**

2 ... das »a« in »-faß-« eigentlich lang gesprochen wird und deshalb kein »ss« folgen kann. **A**

3 ... drei »s« in Folge nicht schön aussehen. **M**

Der letzte Gruselfilm ist nicht lang her? Dann hatten Sie in letzter Zeit bestimmt nicht nur einen gruseligen Traum. Welche Schreibweise ist falsch?

35

1 Alptraum **Z**
2 Albtraum **P**
3 Alphtraum **E**

Ob Wörter mit »ent-« oder »end-« beginnen, lässt sich nicht heraushören, da in beiden Fällen »ent-« gesprochen wird. Finden Sie die Wortgruppe mit dem Fehler?

36

1 entziffern, enteisen, endverkaufen **N**
2 endständig, Endzweck, entbehrlich **C**
3 entfalten, entlich, Endmontage **L**

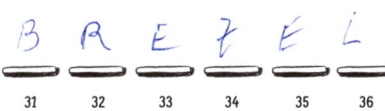

B	R	E	Z	E	L
31	32	33	34	35	36

19

37 Zwei Monate vor Weihnachten ist es so weit: überall Weihnachtsdeko! Wer zieht den Schlitten des Weihnachtsmannes?

1 Renntiere   **S**
2 Rentiere **E**
3 Rehntiere **F**

38 Das Komma ist nicht nur bei Haupt- und Nebensätzen von Bedeutung, sondern auch bei Datumsangaben. Wie lautet die Regel richtig? Zwischen Wochentag und Kalendertag ...

1 ... steht immer ein Komma, also »Montag, der 3. Juni«.   **X**
2 ... ist das Komma fakultativ, also »Montag[,] der 3. Juni«.   **P**
3 ... steht nie ein Komma, also »Montag der 3. Juni«.   **I**

39 Das Wort »bereden« (»etwas besprechen«) hat es in sich: Welche Ableitung von diesem Wort ist richtig geschrieben?

1 beredtsam   **ß**
2 Beredheit **X**
3 beredt **Z**

Treffen drei gleiche Buchstaben aufeinander …

1 … dann wird einer gestrichen, also »Kaffeersatz«,
»Kunststoffilter«.
2 … dann werden alle drei geschrieben, also »Kaffeeersatz«,
»Kunststofffilter«.
3 … dann muss ein Bindestrich zwischen dem zweiten
und dem dritten Buchstaben gesetzt werden, also
»Kaffee-Ersatz«, »Kunststoff-Filter«.

**Schon seit über 500 Jahren wacht sie über den Vatikan:
die päpstliche Garde. Doch wie wird sie geschrieben?**

1 Schweizer Garde
2 schweizer Garde
3 Schweizergarde

**Der frühe Vogel fängt den Wurm! Doch wie wird das von
»Morgen« abgeleitete Adjektiv richtig geschrieben?**

1 morgendlich
2 morgentlich
3 morgenlich

43 Wörter, die oft zusammen gebraucht werden, werden oft auch zusammengeschrieben – doch leider nicht immer. Welche der folgenden Schreibungen ist *falsch*?

1 hierzulande
2 hier zu Lande
3 hier zulande

44 An jeder Ecke kann man sie lesen: Straßennamen. Welche der folgenden Schreibungen ist richtig?

1 Bertha Benz Straße
2 Bertha Benz-Straße
3 Bertha-Benz-Straße

45 Wer wird denn bei der letzten Frage ungeduldig werden? Wie wird das Wort für »Eile, Ungeduld« richtig geschrieben?

1 Hast
2 Hasst
3 Haßt

 LÖSUNGSWORT

 E X Z E L L E N T

| 37 | 38 | 39 | 40 | 41 | 42 | 43 | 44 | 45 |

Spiel 2
Stil

Okay, Rechtschreibung war offenbar keine Herausforderung. Doch sind Sie auch bei typischen Wortverbindungen und Redewendungen sicher? Glänzt man »durch« oder »mit« Abwesenheit? Ist etwas »erkenntlich« oder »erkennbar«? Wir wollen Sie nicht »ewig und ... zwei, drei oder vier Tage?« auf die Folter spannen. Hier werden Sie mit Fragen nach festen Wendungen, dem Gebrauch der Kasus und der Unterscheidung verschiedener Stilebenen im Duell mit dem Duden geprüft werden. Bereit? Dann gehts los!

Die Lösungswörter gehören dem gehobenen Sprachgebrauch an.

DU SCHAFFST ES!

2 Stil

 46
Der ist ein schlauer Fuchs! Nicht selten werden Tier-
bezeichnungen auf Menschen übertragen – so auch bei
einflussreichen Personen in hohen Positionen. Welcher
Ausdruck ist für sie *nicht* üblich?

1 hohes Tier **S**
2 großes Tier **C**
3 gewichtiges Tier **M**

 47
Einige deutsche Wörter kennen ziemlich viele Verwendungs-
weisen. Das Adjektiv »ganz« ist eines davon. In welchem der
folgenden Sätze wird es umgangssprachlich gebraucht?

1 Die ganze Familie machte einen Ausflug. **H**
2 Beim Sturm wurden ganze Dörfer überschwemmt. **K**
3 Die ganzen Vögel sind in den Süden geflogen. **E**

 48
Manche Menschen haben eine engelhafte Geduld. Doch
welche der folgenden drei Wendungen gibt es so *nicht*?
Wenn man geduldig auf etwas wartet, dann ...

1 ... fasst man sich in Geduld. **O**
2 ... übt man sich in Geduld. **A**
3 ... hält man sich in Geduld. **H**

Als stilistisch unschön werden Schachtelsätze empfunden. Bei welchem der folgenden Sätze handelt es sich um einen solchen? 49

1 Obwohl sie, was sie sonst nie machte, weil es ihr nicht guttat, erst spät schlafen gegangen war, war sie am nächsten Tag hellwach. **R**

2 Ich habe gestern den Artikel gelesen, von dem du mir erzählt hast. Er war wirklich sehr interessant. **F**

3 Heute werde ich erst joggen gehen, dann bin ich mit meiner Tante zum Essen verabredet und anschließend gehen wir zusammen ins Museum. **A**

In welcher Reihe stehen ausschließlich Pluralformen, die als standardsprachlich gelten? 50

1 die Kumpels, die Bauklötzer, die Bestecks **G**

2 die Kumpel, die Bauklötze, die Bestecke **E**

3 die Kumpels, die Bauklötze, die Bestecke **I**

Abwesenheit ist selten gut, insbesondere dann nicht, wenn sie auffällt. Wie heißt es richtig? 51

1 mit Abwesenheit glänzen

2 durch Abwesenheit glänzen

3 an Abwesenheit glänzen

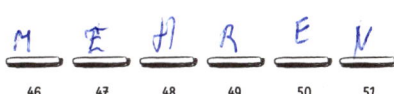

M	E	H	R	E	N
46	47	48	49	50	51

52 Bei Stadtführungen hört man manchmal den Satz: »Das ist mit das schönste Gebäude in der Stadt.« Das ist umgangssprachlich. Wie heißt dieser Satz im Standarddeutschen?

1 Das ist das allerschönste Gebäude in der Stadt.
2 Das ist das schönste Gebäude in der Stadt. **A**
3 Das ist eines der schönsten Gebäude in der Stadt. **L**

53 Unsere Welt ist bunt. Trotzdem flektieren wir manche Farbadjektive, wie z. B. »rosa«, in der Standardsprache nicht. Ist das bei »lila« auch so? Welcher Ausdruck ist standardsprachlich falsch?

1 ein lilafarbenes Hemd **R**
2 ein lilanes Hemd **E**
3 ein lila Hemd **Q**

54 Manchmal macht nur eine andere Endung den Unterschied: Leicht verwechselt werden »erkenntlich« und »erkennbar«. An welcher Stelle ist »erkenntlich« falsch für »erkennbar« gebraucht?

1 Er zeigte sich für die Geschenke erkenntlich. **F**
2 Es war erkenntlich, dass er keine Lust auf den Ausflug hatte. **N**
3 Er war für unsere Hilfe erkenntlich. **ß**

Man lernt nie aus! Wann kommt nach dem Verb »lernen« ein einfacher Infinitiv ohne »zu«, wann mit »zu«? 55

1 Wenn nach »lernen« nur der Infinitiv (ohne weitere Ergänzungen) folgt, steht er ohne »zu«, also: »Ich lerne reiten.« Wenn aber eine oder mehrere Ergänzungen folgen, erscheint der Infinitiv zumeist mit »zu«, also: »Ich lerne, einen Kopfstand zu machen.« **Z**
2 Die Verwendung eines Infinitivs mit »zu« ist bei »lernen« grundsätzlich falsch. **O**
3 Es muss immer ein »zu« gesetzt werden, also: »Ich lerne zu schreiben.« Dagegen ist die Variante ohne »zu« (also: »Ich lerne schreiben«) umgangssprachlich. **J**

Wie kann man in gehobenem Deutsch für »seit langer Zeit« auch sagen? 56

1 seit alters her **D**
2 von alters **I**
3 von alters her **E**

Welcher der drei folgenden Sätze ist richtig *und* wird als gehobener Sprachgebrauch empfunden? 57

1 Er trank eine Tasse Kaffees. **P**
2 Er trank eine Tasse starken Kaffees. **N**
3 Er trank eine Tasse starken Kaffee. **T**

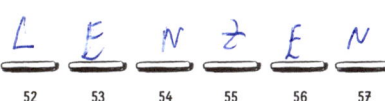

L E N Z E N

52 53 54 55 56 57

58 Um Erlaubnis zu fragen, kann einem so manchen Ärger ersparen. Welcher der folgenden Sätze ist stilistisch am besten?

1 Ich bitte um die Erlaubnis, den Brief abdrucken zu dürfen.

2 Ich bitte um die Erlaubnis, den Brief abzudrucken. Ⓜ

3 Darf ich um die Erlaubnis bitten, den Brief abdrucken zu dürfen? Ⓐ

59 Kurz vor den Wahlen können wir es immer wieder beobachten: Politikerinnen und Politiker beurteilen ihr Wirken sehr positiv. Sie stellen es in …

1 … rosigem Licht dar. Ⓘ

2 … sonnigem Licht dar.

3 … goldenem Licht dar. Ⓖ

60 Besonders Familienfeste laden dazu ein, in Erinnerungen zu schwelgen. Doch welche Formulierung ist standardsprachlich *nicht* korrekt? Finden Sie den umgangssprachlichen Ausdruck.

1 Ich erinnere diesen Vorfall. Ⓢ

2 Ich erinnere mich an diesen Vorfall. Ⓗ

3 Ich erinnere mich dieses Vorfalls. Ⓣ

Der, die, das – so geläufig diese drei Wörter im Deutschen sind, so unpassend können sie an der ein oder anderen Stelle sein. In welchem Satz ist »der« als eher umgangssprachlich *und* unhöflich einzustufen?

61

1 Der Kuchen war sehr lecker. **B**
2 Der hat mich wirklich genervt. **S**
3 Der Johann hat mir gestern die Tür aufgehalten. **T**

Schwerter sehen wir in unserem Alltag eher selten. Doch in unserer Sprache spielen sie nach wie vor eine Rolle. Wievielschneidig ist das sprichwörtliche Schwert?

62

1 einschneidig **F**
2 zweischneidig **E**
3 dreischneidig **W**

Manchmal muss man sich einfach widersetzen! Mit welchem Kasus wird »trotz« in der Standardsprache am häufigsten gebraucht?

63

1 mit dem Dativ, also: trotz dem Regen
2 mit dem Akkusativ, also: trotz den Regen
3 mit dem Genitiv, also: trotz des Regens

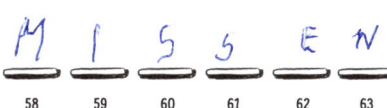

M	I	S	S	E	N
58	59	60	61	62	63

64 Welche Formulierung ist richtig?
Der Pharmakonzern hat ein Medikament
... entwickelt.

1 für Corona **P**
2 gegen Corona **E**
3 mit Corona **A**

---

65 **Gut Ding will Weile haben. Doch wenn etwas zu lange dauert,**
dann dauert es ewig und ...

1 ... zwei Tage. **F**
2 ... drei Tage. **N**
3 ... vier Tage. **L**

---

66 **Werdende Eltern hüllen sich oft lange Zeit in Schweigen**
darum, dass sie ein Baby erwarten. Wie nennt man diese Art
von Geheimnis?

1 süßes Geheimnis **T**
2 göttliches Geheimnis **V**
3 kleines Geheimnis **R**

Wenn etwas schon immer so ist, dann ist es so …

1 … seit Adams Zeiten. **B**
2 … seit Evas Zeiten. **M**
3 … seit Ruths Zeiten. **O**

Anlässe zum Gedenken gibt es genug. Doch wie heißt es standardsprachlich richtig? 68

1 Er gedachte seines alten Lehrers. **I**
2 Er gedachte seinem alten Lehrer. **A**
3 Er gedachte seinen alten Lehrer. **U**

Da hast du aber gehörig danebengelegen! Oder doch nicht? Welche Verwendung von »gehörig« ist nicht standardsprachlich? 69

1 der gehörige Respekt **G**
2 sich gehörig anstrengen **R**
3 die zu diesem Konto gehörige E-Mail-Adresse **E**

SCHON DIE LÖSUNG?

70 Manche Umweltgifte belasten die menschliche Gesundheit erst nach Jahren. Wie nennt man langsam wirkendes Gift auch?

1 schleichendes Gift
2 kriechendes Gift
3 lahmendes Gift

 71 Welcher der folgenden Sätze ist standardsprachlich richtig? Sie hat leider kein Geld ...

1 ... einstecken.
2 ... eingesteckt.
3 ... eingesteckt gehabt.

 72 Auch wenn wir heutzutage viel häufiger am Computer arbeiten, sprechen wir noch davon, etwas ...

1 ... zu Papier zu bringen.
2 ... zu Papier zu tragen.
3 ... zu Papier zu werfen.

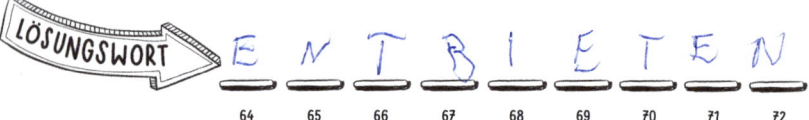

LÖSUNGSWORT E N T B I E T E N

64 65 66 67 68 69 70 71 72

Spiel 3
Wörter in Bildern

Anscheinend kennen Sie sich sehr gut in der deutschen Sprache aus! In diesem Kapitel gehen wir aber noch einen Schritt weiter. Jetzt brauchen Sie nicht nur Sprachkenntnisse, sondern auch viel Allgemeinwissen: Finden Sie die passenden Wörter zu Bildern – und umgekehrt? Sind Sie mit Fabelwesen, Frisuren, Musikinstrumenten und geometrischen Körpern vertraut? Vögel erkennen Sie treffsicher? Dann lassen Sie uns das Bilderrätsel starten! Werden Sie auch dieses Kapitel meistern?

 Die Lösungswörter sind diesmal Farben.

3 Wörter in Bildern

73 Der Bau von Straßen ist eine der vielen kulturellen Errungenschaften der Römer, die bis heute für uns von Bedeutung sind. Mittlerweile hat man verschiedene Fahrzeuge und Geräte dafür entwickelt. Welche der drei Straßenbaumaschinen nennt man Planierraupe?

1 **J**   **2** **R**   **3** **P**

74 Das abgebildete Gefäß, in dem Wein seinen vollen Geschmack entfalten kann, hat verschiedene Namen. Welcher gehört *nicht* dazu?

1 Dekanter   **D**
2 Karaffe   **A**
3 Amphore   **U**

75 Wie nennt man diese Schrift?

1 Fraktur   **D**
2 Lautschrift   **R**
3 Kurzschrift   **I**

ˈduːdn̩

Welche Stellung im Schachspiel ist auf dem Bild zu sehen?

76

1 Munter **C**
2 Matt **P**
3 Müde **H**

Bei Erdbeerpflanzen kann man sie gut erkennen. Doch wie heißen die seitlichen Triebe in der Abbildung?

77

1 Ausläufer **U**
2 Abläufer **O**
3 Zuläufer **M**

Seit Jahrtausenden fasziniert der Sternenhimmel die Menschheit. Welche Nummer kennzeichnet das Sternbild des Großen Wagens?

78

1 **E**

2 **R**

3 **L**

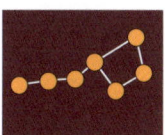
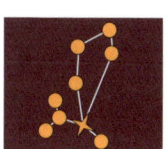

LÖSUNGSWORT

P U R P U R
73 74 75 76 77 78

79 Die Olympischen Spiele sind das Highlight einer Sportler-
karriere. Auf welcher Abbildung ist ein Skeletonfahrer zu
sehen?

1 **D** 2 **E** 3 **O**

80 Zahlreiche Kulturen kennen sie: die Fabelwesen. Doch wie
heißt das hier abgebildete?

1 Chimäre **R**
2 Sphinx **W**
3 Greif **I**

81 Kennen Sie Ihren eigenen Körper gut? Wie wird der milchig
weiße Abschnitt im unteren Teil des Nagels genannt?

1 Sternchen **Z**
2 Möndchen **A**
3 Sönnchen **S**

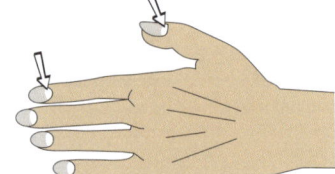

In den letzten Jahren ist Zelten immer beliebter geworden. Wissen Sie, wie das Zelt in der Abbildung heißt?

1 Hauszelt **L**
2 Igluzelt **N**
3 Bungalowzelt **O**

82

War noch vor ein paar Hundert Jahren die Staatsperücke richtig in Mode, so ist es heutzutage der …

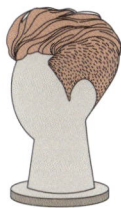

1 … Undercut. **G**
2 … Overcut. **A**
3 … Mediumcut. **Q**

83

Besonders auf Feldern kann man einen Fasan zu Gesicht bekommen. Welche der drei Abbildungen stellt einen Fasan dar?

84

1 **P**

2 **E**

3 **R**

LÖSUNGSWORT

O R A N G E
79 80 81 82 83 84

85 Er ist das Zentrum unserer Demokratie – der Bundestag. Wo sitzen eigentlich die Plenarassistentinnen und -assistenten?

1 **O**
2 **P**
3 **A**

86 Nicht mal mit der Kneifzange will man manche sehr schmutzigen Dinge anfassen. Doch hinter welcher Nummer ist eigentlich eine Kneifzange dargestellt?

1 **E**   2 **U**   3 **N**

87 Was für eine Art von Rad ist hier dargestellt?

1 Rennrad **V**
2 BMX-Rad **T**
3 Mountainbike **E**

Hochzeiten, Ostern und Weihnachten – das sind die Feste, zu denen besonders viele Menschen in die Kirche gehen. Wie heißt dieser Ort in einer Kirche?

88

1 Kanzlei **I**
2 Kanzler **C**
3 Kanzel **H**

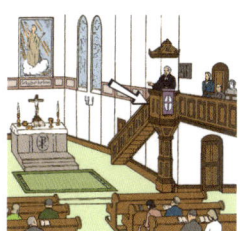

Für viele Hobbygärtner bedeutet die Arbeit im Garten vor allem Entspannung. Das abgebildete Gartengerät hat verschiedene Namen. Welcher gehört *nicht* dazu?

89

1 Spitzholz **R**
2 Setzholz **C**
3 Pflanzholz **M**

Im Barock war dieses klavierähnliche Instrument besonders beliebt. Es handelt sich zwar um ein Tasteninstrument, aber die Saiten werden gezupft. Wie nennt man dieses Instrument?

90

1 Cembalo **A**
2 Cimbalom **R**
3 Orgel **K**

91 Beliebt sind diese Plätze im ICE und in anderen Zügen besonders bei Familien oder Kleingruppen. Der abgebildete Tisch in der Mitte der Vierersitzgruppe hat verschiedene Bezeichnungen. Welche gehört nicht dazu?

1 Schmetterlingstisch **F**
2 Flügeltisch **E**
3 Falttisch **Z**

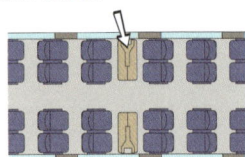

92 Ist Mathematik bei Ihnen auch so lange her? Welchen der abgebildeten Körper nennt man Zylinder?

1 **H** 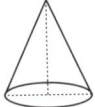 2 **I**  3 **U**

93 Sie mögen Opern? Dann wissen Sie bestimmt, welcher Rang in der Oper Galerie genannt wird.

1 **T**
2 **E**
3 **N**

  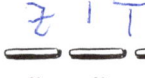

| 85 | 86 | 87 | 88 | 89 | 90 | 91 | 92 | 93 |

Spiel 4
Grammatik

Im vierten Kapitel unseres Duells widmen wir uns dem Kern, ja vielmehr dem Herzen der Sprache: der Grammatik! Was wäre eine Sprache ohne Grammatik? Doch können Sie auch längst vergessen geglaubtes Wissen über Substantive und ihre Fälle reaktivieren? Kennen Sie die Verben und ihre Zeitformen, und wissen Sie, wie man Adjektive richtig steigert? Dann ist jetzt der Moment gekommen, Ihr gesamtes sprachliches Wissen aus der Schulzeit herauszuholen und die vierte Runde unseres Duells zu starten.

 Die Lösungswörter sind Fachbegriffe aus der Grammatik.

AUF EIN NEUES!

4 Grammatik

94 **Warum sollte man das Adjektiv »einzig« nicht steigern?**

1 Weil das der Duden so vorschreibt.
2 Weil »einzig« nicht flektiert werden kann. **A**
3 Weil »einzig« einen Zustand beschreibt, der nicht verstärkt
   werden kann. **S**

95 **Die moderne Welt ist voller Gegensätze! Im Deutschen drücken sogenannte Konzessivsätze den Gegensatz zwischen zwei Sachverhalten aus. Welche Wörter können einen solchen Gegensatz beginnen bzw. einleiten?**

1 obwohl, obgleich, selbst wenn **Y**
2 weil, denn, da **F**
3 als, nachdem, wenn **I**

96 **Backe, backe Kuchen … In welchem Satz ist das Verb korrekt gebildet?**

1 Korrekt ist nur: Er wog das Mehl ab. **N**
2 Korrekt ist nur: Er wiegte das Mehl ab. **Y**
3 Beide Sätze sind korrekt. **L**

Wie lautet der folgende Satz richtig? Sowohl sein Bruder als auch seine Cousine ...

97

1 ... waren gekommen. X

2 ... war gekommen. B

3 ... war/waren gekommen. (Beide Möglichkeiten sind korrekt.) T

~~~~~~

Manche Sprachen haben zwölf Kasus, also Fälle, manche nur zwei. Wie viele Kasus hat das Deutsche?

98

1 vier A

2 zwei J

3 fünf E

Puhhh

~~~~~~

Der Blick in die Glaskugel kann unter Umständen die Zukunft verraten. In welchem Satz ist das Futur I richtig gebildet?

99

1 Das Buch wird gelesen. G

2 Ich werde das Buch lesen. X

3 Er wird das Buch gelesen haben. R

LÖSUNGSWORT

S   V   N   T   ℞   X

94 95 96 97 98 99

100   **Was für ein Pronomen ist das Wort »mein«?**

1 Relativpronomen   **H**
2 Possessivpronomen   **P**
3 Demonstrativpronomen   **C**

---

101   **Präpositionen sind in Sprachen, die wie das Deutsche über nur wenige Kasus verfügen, sehr wichtig, da sie helfen, Wörter in Beziehung zueinander zu setzen. Bei welchem der folgenden Wörter handelt es sich um eine Präposition?**

1 aus   **A**
2 das   **E**
3 denn   **S**

---

102   **Wie lautet der standardsprachliche Plural von »das Praktikum«?**

1 die Praktikas   **V**
2 die Praktika   **S**
3 die Praktikums   **L**

103

In Zeiten der Selbstoptimierung sind Superlative keine Seltenheit. Bei welchem der folgenden Adjektive werden die Steigerungsformen (Komparativ und Superlativ) aus einem anderen Wortstamm gebildet?

1 hell   **D**
2 schön   **I**
3 gut   **S**

104

Am Ende von Wörtern können die Buchstaben »m« und »n« nicht leicht unterschieden werden, sie klingen nahezu identisch. Welche Wortgruppe ist richtig?

1 nach einem langem Urlaub   **E**
2 nach einem langen Urlaub   **I**
3 nach einen langen Urlaub   **R**

105

Eine klare Ansage ist in manchen Fällen dringend nötig. Doch befehlen will gelernt sein. Welche Form ist falsch?

1 Sieh nach!   **F**
2 Ess auf!   **V**
3 Geh weg!   **M**

LÖSUNGSWORT

P	H	S	S	I	V
100	101	102	103	104	105

106 Gerade die kleinen Wörter haben es manchmal in sich. Heißt es »derer« oder »deren«? Welcher Satz enthält einen Fehler?

1 Denise begrüßte ihre Freundin und deren Tochter.

2 Das sind sehr gute Gründe, aufgrund derer wir unsere Meinung geändert haben.

3 Die Umstellung erfolgt auf Kosten deren, die auch sonst immer für alles aufkommen.

107 Die Wahl des richtigen Kasus ist vor allem bei der Konjunktion »als« nicht ganz einfach. Welcher Satz enthält nach »als« den falschen Kasus?

1 Er betrachtete sich als den besten Schwimmer.

2 Dieser Athlet gilt als bester Läufer.

3 Ihm als Verantwortlicher fiel die Entscheidung nicht leicht.

108 Sich mit anderen zu vergleichen, kann müßig sein – auch aus grammatikalischer Sicht. In welchem Satz findet sich ein Fehler?

1 Der Hund war schneller wie ich.

2 Die Katze war so groß wie der Hund.

3 Der Läufer war schnell wie ein Blitz.

Das Titellied aus der Sesamstraße, in dem es heißt »Wer nicht fragt, bleibt dumm«, ist weitläufig bekannt. Doch wie nennt man Fragesätze in der Fachsprache?

109

1 Interrogativsätze — R

2 Exklamativsätze — T

3 Deklarativsätze — ß

Das Präteritum kann auf unterschiedliche Weise gebildet werden: z. B. »er lachte«, »sie log«. Wie lautet das Präteritum von »schwimmen«?

110

1 er/sie schwomm — E

2 er/sie schwimmte — S

3 er/sie schwamm — A

Welches Genus (grammatisches Geschlecht) haben Wochentage, Monate und Jahreszeiten?

111

1 Maskulinum — L

2 Femininum — B

3 Neutrum — V

LÖSUNGSWORT

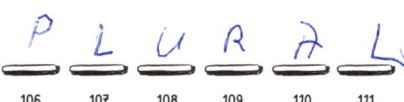

P L U R A L

106 107 108 109 110 111

112 **Die Kasus bei Präpositionen erregen im Deutschen immer wieder die Gemüter. Welchen Kasus erfordert »entgegen«?**

1 den Dativ, also: entgegen meinem Willen
2 den Genitiv, also: entgegen meines Willens
3 den Akkusativ, also: entgegen meinen Willen

113 **Mit oder ohne »s«? Der Genitiv hat es manchmal in sich. In welcher Wortgruppe ist er falsch gebildet?**

1 die Hauptfigur des Mythos
2 das Buch des Bruder
3 die Wirkung des Rhythmus

114 **Was ist der Unterschied zwischen direkter und indirekter Rede?**

1 Es gibt keinen Unterschied.
2 Bei der direkten Rede wird die Äußerung einer Person wortwörtlich aus der Perspektive dieser Person wiedergegeben. Bei der indirekten Rede wird die Äußerung der Person aus der Perspektive des/der Berichtenden wiedergegeben.
3 Bei der indirekten Rede wird die Äußerung einer Person wortwörtlich aus der Perspektive dieser Person wiedergeben. Bei der direkten Rede wird die Äußerung der Person aus der Perspektive des/der Berichtenden wiedergegeben.

Manche Wörter sehen in verschiedenen Kasus exakt gleich aus. Man kann lediglich am Satzinhalt erkennen, um welchen Fall es sich konkret handelt. Für welche Kasus kann »der Frau« stehen?

115

1 Nominativ, Dativ **N**
2 Genitiv, Dativ **I**
3 Akkusativ, Genitiv **E**

Die Einteilung unserer Sprache in Wortarten hilft, die Struktur der Sprache zu verstehen. Was ist keine Wortart?

116

1 Verb **A**
2 Substantiv **P**
3 Partizip **K**

In welchem Satz hat »ist« die Funktion eines Hilfsverbs?

117

1 Sie ist Tierärztin. **D**
2 Der Junge ist gerannt. **A**
3 Er ist sehr verärgert. **S**

118 Manche Wörter sind vielseitig und können sehr unterschiedlich verwendet werden. Welcher Wortart kann das Wort »um« *nicht* angehören?

1 Präposition
2 Konjunktion
3 Artikel **T**

119 Sie klingen zwar ähnlich, stehen aber jeweils für einen anderen Fall: »den« und »dem«. Welcher Satz enthält einen Fehler?

1 Ich habe das gestern auf den Tisch gestellt. **S**
2 Der Hund legte sich auf dem Rasen. **I**
3 Der Junge saß auf dem Sofa. **U**

120 Von Substantiven, Verben, Präpositionen war nun schon viel die Rede. Was aber sind Beispiele für die Wortart »Interjektion«?

1 eins, zwei, drei **C**
2 morgens, mittags, abends **M**
3 he, pst, aua **V**

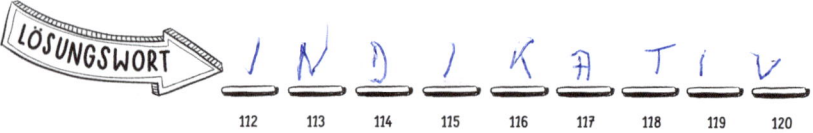

LÖSUNGSWORT   I N D I K A T I V

112 113 114 115 116 117 118 119 120

Spiel 5
Fremdwörter

Jetzt sind Ihre internationalen Kompetenzen gefragt! Nicht erst im Zuge der Globalisierung sind zahlreiche Wörter aus anderen Sprachen in das Deutsche gelangt. Schon seit Jahrhunderten beeinflussen sich Sprachen gegenseitig. Wissen Sie, woher die nicht deutschen Wörter kommen und was sie bedeuten? Sie kennen die ursprüngliche Bedeutung italienischer Wörter wie »brutto« und »netto«? »Copy-and-paste« ist für Sie keine Süßspeise? Sie mögen Harissa nicht nur, sondern wissen auch, woher es kommt? Na dann, auf gehts in Runde 5!

Die Lösungswörter sind Fremdwörter aus dem Englischen.

5 Fremdwörter

121 Manche Menschen haben sie einfach – die besondere Ausstrahlungskraft. Doch wie wird sie genannt?

1 Charisma   **C**
2 Charis   **W**
3 Chasma   **K**

122 »Fishing for Compliments« wird nicht gern gesehen. Wenn man es jemandem unterstellt, ist gemeint, dass die Person ...

1 ... anderen gern ein Kompliment macht, allerdings nur zu ihrem eigenen Vorteil.   **I**
2 ... sich selbst gern lobt und damit sehr egoistisch wirkt.   **N**
3 ... durch eine zurückhaltende Selbstdarstellung erreichen will, von anderen gelobt zu werden.   **O**

123 Der Unterschied zwischen brutto und netto kann mitunter gewaltig sein! Doch was heißt »brutto« eigentlich?

1 roh, unrein   **M**
2 vorher   **B**
3 nachher   **A**

Dem einen oder der anderen versüßt sie den Tag: die Schokolade. Über das Niederländische und Spanische ist das Wort ursprünglich aus welcher Sprache zu uns gekommen?

124

1 aus dem Englischen **F**
2 aus dem Aztekischen **E**
3 aus dem Arabischen **P**

Wie schreibt sich das Fremdwort für »etwas Erwünschtes« richtig?

125

1 Desiderat **D**
2 Desederat **B**
3 Desedirat **C**

Recht ist nicht gleich Recht. Was ist der Unterschied zwischen »legal« und »legitim«?

126

1 Während »legal« allgemeinsprachlich ist, gehört »legitim« der juristischen Fachsprache an. **R**
2 Während »legal« »gesetzmäßig« bedeutet, meint »legitim« »rechtmäßig, berechtigt«. **Y**
3 Während »legitim« »gesetzmäßig« bedeutet, meint »legal« »rechtmäßig, berechtigt«. **F**

 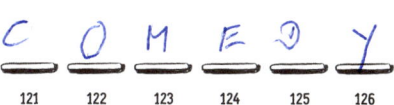

LÖSUNGSWORT

C	O	M	E	D	Y
121	122	123	124	125	126

127 »Kung-Fu« ist eine beliebte Kampfsportart aus Asien. Aus welcher Sprache stammt das Wort?

1 aus dem Chinesischen **S**
2 aus dem Japanischen **B**
3 aus dem Thailändischen **A**

128 Einige Bestandteile kommen in griechischen Fremdwörtern immer wieder vor und haben dabei jeweils dieselbe Grundbedeutung. Was könnte »-iatrie« in den Wörtern »Psychiatrie«, »Geriatrie« und »Pädiatrie« bedeuten?

1 Krankenhaus **F**
2 Heilkunde **H**
3 Krankheit **J**

129 Der graue Winter ist manchmal von einer Tristesse des Alltags geprägt. Was ist mit »Tristesse« gemeint?

1 Anstrengung **K**
2 Schwermut **O**
3 Stress **M**

Die Extrawurst will man vielleicht nicht unbedingt haben, etwas Extrafeines indes schon. Was ist eigentlich die Grundbedeutung von »extra«?

130

1 außerhalb   **R**
2 unterhalb   **B**
3 innerhalb   **E**

Fälschungen bei Doktorarbeiten sind durch die moderne Technik immer leichter nachweisbar. Besonders auffällig ist es, wenn am Computer in längeren Passagen mit »Copy-and-paste« gearbeitet wurde. Doch was ist damit eigentlich gemeint?

131

1 das Kopieren und Einfügen von Inhalten   **T**
2 das Abschreiben fremder Texte   **U**
3 das Kopieren und Verfremden von Inhalten   **D**

Was bedeutet eigentlich der Bestandteil »Auto-« in Wörtern wie »Autogramm«, »Autobiografie« und »Autodidakt«?

132

1 selbst, persönlich   **S**
2 fremd, anders   **C**
3 speziell, besonders   **V**

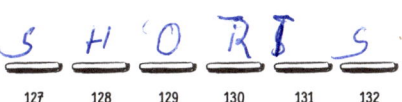

S	H	O	R	T	S
127	128	129	130	131	132

133 Ayurvedische Medizin wird auch hierzulande angeboten. Woher kommt das Wort »ayurvedisch«?

1 aus dem Italienischen
2 aus dem Indischen
3 aus dem Chinesischen

 134 Was ist damit gemeint, wenn in den Nachrichten von den fatalen Folgen eines Ereignisses gesprochen wird?

1 unbedeutende Folgen
2 vorhersehbare Folgen
3 schlimme Folgen

135 Besonders in amerikanischen Polizeifilmen sieht man es häufig: das Carjacking. Was ist das?

1 Konfiszierung eines Autos durch die Polizei
2 Autoraub unter Androhung von Gewalt
3 heimlicher Autodiebstahl

Joghurt gilt als gesund und leicht bekömmlich. Aus welcher Sprache kommt das Wort »Joghurt«?

136

1 aus dem Lateinischen
2 aus dem Arabischen
3 aus dem Türkischen

In der Arbeitswelt wird immer häufiger von High Potentials gesprochen. Wer ist damit vor allem gemeint?

137

1 langjährige Mitarbeiter/-innen mit besonders viel
   Berufserfahrung
2 Quereinsteiger/-innen mit besonders hoher Motivation
3 fachlich besonders qualifizierte Nachwuchskräfte

Was möchte der katholische Priester in der lateinischen Messe, wenn er »oremus« ruft?

138

1 Alle sollen beten.
2 Alle sollen schweigen.
3 Alle sollen singen.

 LÖSUNGSWORT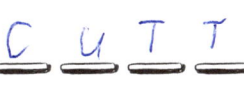

C U T T E R
133 134 135 136 137 138

139 **Pitchen Sie Ihre Idee morgen beim Vorstand! So oder so ähnlich hört man es in vielen Firmen. Wüssten Sie, was Sie machen sollen? Die Idee ...**

1 ... kurz und knackig vorstellen. **H**
2 ... in einem schriftlichen Entwurf vorlegen. **S**
3 ... ausführlich darlegen und begründen. **T**

 140 **Das Wort »Malaise« bezeichnet ...**

1 ... eine Art Aufstrich. **V**
2 ... eine Pflanzenart. **C**
3 ... eine ungünstige Situation. **I**

141 **Manche Fremdwörter klingen ähnlich, haben aber eine unterschiedliche Bedeutung. Welcher Satz ist falsch?**

1 Aus ethischen Gründen ist das unmöglich. **A**
2 Das ist mit seinen moralischen und ethnischen Werten nicht vereinbar. **G**
3 In der Region leben verschiedene ethnische Gruppen zusammen. **H**

»Hämoglobin«, »Hämophilie« und »Hämodialyse« haben am Anfang denselben Wortbestandteil. Was heißt »Hämo-«?

142

1 Blut **H**
2 Körper **I**
3 Eiter **A**

Noch heute kennen wir viele Begriffe aus der Rhetorik, die in der Antike geprägt wurden. Wenn ein Politiker seine Rede mit einer Captatio Benevolentiae beginnt, dann ...

143

1 ... liest er erst mal die Tagesnachrichten vor. **P**
2 ... wirbt er durch seine Wortwahl um die Gunst des Publikums. **L**
3 ... versucht er, seine Rede frei zu halten. **W**

»Radscha« ist ein ...

144

1 ... arabischer Fürstentitel. **F**
2 ... chinesischer Fürstentitel. **A**
3 ... indischer Fürstentitel. **I**

145 Wenn etwas nicht für Krethi und Plethi gedacht ist, dann ist es nicht für ...

1 ... Kinder. **A**
2 ... jedermann. **G**
3 ... Männer. **H**

146 Aus welcher Sprache stammt das Wort »Harissa«?

1 aus dem Arabischen **H**
2 aus dem Indischen **S**
3 aus dem Türkischen **G**

147 Die Arbeitswelt ändert sich durch die Globalisierung schnell. Um neue Gegebenheiten zu beschreiben, gelangen immer wieder neue Fremdwörter ins Deutsche. Eines davon ist »Jobsharing«. Was versteht man darunter?

1 Man teilt sich einen Dienstwagen. **A**
2 Man teilt sich ein und dieselbe Stelle im Betrieb. **T**
3 Man teilt sich ein Büro. **R**

LÖSUNGSWORT

H	I	G	H	L	I	G	H	T
139	140	141	142	143	144	145	146	147

Spiel 6
Aussprache

Halbzeit! Rechtschreibung, Stil, Wörter in Bildern, Grammatik und Fremdwörter waren also keine Herausforderung? Dann geht es jetzt an die Aussprache. Hier sind nicht nur Ihre Kenntnisse der deutschen Sprache, sondern auch die anderer Sprachen gefragt. Wissen Sie, wie der Plural von »Knie« artikuliert wird? Wie das »v« in manch einer deutschen Stadt gesprochen wird? Wie das italienische Gericht »Gnocchi« klingt und wo »Oregano« betont wird? Dann wird Ihnen auch dieses Kapitel keine Schwierigkeiten bereiten.

 Die Lösungswörter haben diesmal gemeinsam, dass sie auf der letzten Silbe betont werden.

NUR MUT!

6 Aussprache

148

Wir beginnen dieses Kapitel langsam, also »adagio«. Wie spricht man dieses italienische Wort aus?

1 adadscho   **S**
2 adagi-o   **A**
3 adascho   **P**

149

Der Plural von »das Knie« …

1 … wird »die Kniee« geschrieben und kann zweisilbig (»kni-e«) oder einsilbig (»knie«) gesprochen werden.   **T**
2 … wird »die Kniee« geschrieben und muss zweisilbig (»kni-e«) gesprochen werden.   **J**
3 … wird »die Knie« geschrieben und kann zweisilbig (»kni-e«) oder einsilbig (»knie«) gesprochen werden.   **O**

150

Welches der folgenden Adjektive weist je nach Bedeutung zwei verschiedene Betonungen auf?

1 vollkommen   **Z**
2 volltrunken   **D**
3 vollschlank   **N**

Das deutsche Wort »Lizenz« kommt vom lateinischen *licentia*, das »Freiheit; Erlaubnis« bedeutet. Kennen Sie die richtige Aussprache des dazugehörigen Verbs?

151

1 litsentsieren   **I**
2 litsensieren   **H**
3 lisentsieren   **E**

Ein anderes Wort für »einfarbig« ist »uni, unifarben«. Wie wird es ausgesprochen?

152

1 üni, ünifarben   **A**
2 uni, unifarben   **C**
3 juni, junifarben   **D**

Das Wort »Orange«/»orange« ist aus dem Französischen zu uns gekommen. Im Deutschen gibt es verschiedene Aussprachemöglichkeiten. Wann wird das »e« am Wortende gesprochen?

153

1 Wenn das Substantiv »Orange« gemeint ist, wird das »e« am Wortende immer gesprochen, beim Adjektiv »orange« nie.   **A**
2 Wenn das Substantiv »Orange« gemeint ist, wird das »e« am Wortende nie gesprochen, beim Adjektiv »orange« immer.   **Z**
3 Wenn das Substantiv »Orange« gemeint ist, wird das »e« am Wortende immer gesprochen; beim Adjektiv »orange« nur, wenn es vor einem Substantiv steht.   **L**

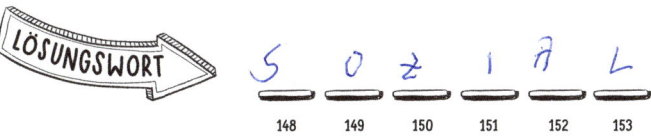

LÖSUNGSWORT

S   O   Z   I   A   L

148   149   150   151   152   153

154 Man findet das Ylang-Ylang-Öl in vielen Düften, aber auch in einigen Lebensmitteln. Wie spricht man es aus?

1 Ilang-Ilang-Öl
2 Ülang-Ülang-Öl
3 Eilang-Eilang-Öl

155 Salat und Spinat führen in Familien immer wieder zu Streit-gesprächen. Wo werden die Wörter betont?

1 beide vorn
2 beide hinten
3 »Salat« vorn und »Spinat« hinten

156 Welche Aussage zur Aussprache der ostfriesischen Stadt »Jever« ist richtig?

1 Die Aussprachen »Jefer« und »Jewer« sind seit jeher gleichermaßen üblich.
2 Traditionell ist die Aussprache »Jefer«, aber die Aussprache »Jewer« dominiert bei Ortsfremden, weil sie für die gleich-namige Biermarke üblich ist.
3 Die gleichnamige Biermarke wird »Jewer« gesprochen, um Verwechslungen mit der »Jefer« gesprochenen Stadt auszu-schließen.

Dich pack ich am Schlafittchen! Wie wird das letzte Wort korrekt ausgesprochen?

157

1 Schlawittchen   **R**
2 Schlafittchen   **E**
3 Beide Aussprachen sind korrekt.   **D**

Nach Rom führen nicht nur alle Wege, Rom ist auch die Stadt der sieben Hügel. Einer davon ist der »Esquilin«. Wie wird er ausgesprochen?

158

1 Eskwilin   **N**
2 Eskilin   **E**
3 Eskiling   **A**

Die Wörter »Stil« (»Art, Kunstrichtung«) und »Stiel« (»Griff, Schaft«) werden rechtschreiblich oft verwechselt. Aber was ist zu ihrer Aussprache zu sagen?

159

1 »Stil« und »Stiel« werden immer »sch-tiel« gesprochen.   **E**
2 »Stil« wird immer »sch-tiel« gesprochen, »Stiel« darf auch »s-tiel« gesprochen werden.   **J**
3 »Stiel« wird immer »sch-tiel« gesprochen, »Stil« darf auch »s-tiel« gesprochen werden.   **T**

LÖSUNGSWORT

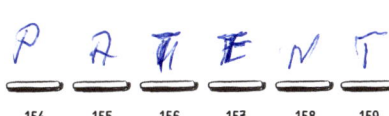

P   A   T   E   N   T
154 155 156 157 158 159

160 Zu den jüngsten Essenstrends gehören die eiweißreichen Chia-Samen. Wissen Sie, wie man den Namen ausspricht?

1 Schia-Samen **E**
2 Kia-Samen **T**
3 Tschia-Samen **S**

161 Überraschungen in der Aussprache können auch bei bestimmten grammatikalischen Formen auftreten. In welchem der drei Sätze kann das »-t« am Ende des Verbs in der spontanen Sprache entfallen?

1 Sie taucht am Wochenende gern in Seen. **X**
2 Sie braucht morgen nicht zu kommen. **O**
3 Sie raucht seit einem Jahr nicht mehr. **C**

162 In welchem Land ist für das »ch« in Wörtern wie »Chor« und »Chlor« auch die Aussprache wie in »Buch« gebräuchlich?

1 Deutschland **S**
2 Schweiz **N**
3 Österreich **D**

In der italienischen Küche gibt es viele leckere, aber schwer aussprechbare Speisen. Wie wird das Wort »Gnocchi« ausgesprochen?

1 Gnotschi   **R**
2 Gnocki   **L**
3 Njocki   **E**

Im Frühling erwacht die Natur zu neuem Leben. Auch die Forsythie blüht dann auf. Das Wort kann auf verschiedene Weisen ausgesprochen werden. Welche gehört dazu?

1 Fersützje   **A**
2 Forsützje   **T**
3 Forsutzje   **E**

Wie wird das Wort »Magnet« standardsprachlich ausgesprochen?

1 Mag-net   **T**
2 Mang-net   **H**
3 Beide Aussprachen sind standardsprachlich möglich.   **B**

LÖSUNGSWORT

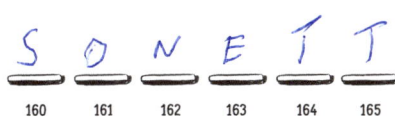

S	O	N	E	T	T
160	161	162	163	164	165

166 Welche Aussprache des nordafrikanischen Landes Libyen hört man in den Medien heute am häufigsten?

1 Libjen
2 Lübjen
3 Libüen

167 Eine bekannte aus Mehl und Milch hergestellte Soße ist die Béchamelsoße. Wie wird der Name der Soße ausgesprochen?

1 Bedschamelsoße
2 Bechamelsoße
3 Beschamelsoße

168 Wenn ein Wort in einem deutschsprachigen Land anders gesprochen wird als in den anderen, spiegelt sich dies manchmal auch in der Schreibung wider. Wo kann »Küken« auch mit kurzem »ü« ausgesprochen und in der Folge auch »Kücken« geschrieben werden?

1 in Österreich
2 in der Schweiz
3 in Österreich und der Schweiz

Geh mir nicht auf die Nerven! Wie wird die Mehrzahl von Nerv ausgesprochen?

169

1 Nerfen   **O**
2 Nerwen   **H**
3 Beide Aussprachen sind standardsprachlich richtig.   **F**

Bei unseren Nachbarn, den Niederländern, ist es ein geläufiger Name: Dijkstra. Doch wie spricht man ihn aus?

170

1 Dejkstra   **R**
2 Diekstra   **E**
3 Ditschstra   **A**

Wer die mediterrane Küche liebt, kommt an Oregano nicht vorbei – gerade in italienischen, spanischen und griechischen Gerichten spielt er eine große Rolle. Wird das Wort vorn, hinten oder in der Mitte betont?

171

1 vorn, also Óregano   **E**
2 in der Mitte, also Orégano   **M**
3 hinten, also Oregáno   **V**

SCHON DIE LÖSUNG?

172 Probieren Sie es einfach mal aus: In welchem Wort ist der Vokal in der Einzahl kurz, kann in der Mehrzahl aber lang gesprochen werden?

1 Platz – Plätze C

2 Satz – Sätze T

3 Stadt – Städte A

Puhhh

173 Neben Stockholm ist Göteborg eine der bekanntesten Städte Schwedens. Wie spricht man diese Stadt auf Schwedisch richtig aus?

1 Jöteborj N

2 Götebork E

3 Göteborch H

174 Seit dem Siegeszug des Smartphones sind Lithium-Ionen-Akkus nicht mehr wegzudenken. Für das Metall Lithium gibt es zwei verschiedene Aussprachen. Welche spiegelt die Herkunft des Wortes am besten wider?

1 Litsium E

2 Litium T

3 Lisium R

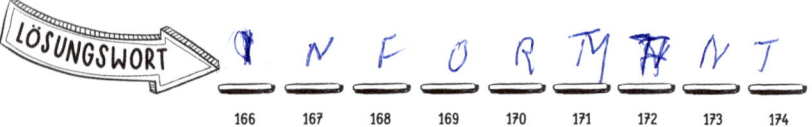

LÖSUNGSWORT

I N F O R M A N T

166 167 168 169 170 171 172 173 174

Spiel 7
Wortherkunft

Ad fontes! Zu den Quellen! So lautete das Motto der Humanisten in der frühen Neuzeit. Und auch unser Quiz begibt sich nun zu den Quellen unserer Sprache. Ob einzelne Wörter oder Wendungen – hier geht es um den Ursprung. Sie wissen, woher »Bagage« kommt und was es ursprünglich bedeutete? Ihnen bereitet ein Wort wie »Tacheles« kein Kopfzerbrechen? Dann werden Sie auch dieses Kapitel mit Bravour bestehen. Aber seien Sie auf der Hut! Nicht jedes Wort zeigt seinen Ursprung sofort …

 Die Lösungswörter haben ihren Ursprung im Lateinischen.

7 Wortherkunft

175 Manche Entlehnungen aus anderen Sprachen sind kaum noch als solche zu erkennen. Auf welches Wort geht »Keks« zurück?

1 auf englisch »cakes« (»Kuchen«) **P**
2 auf schwedisch »kaka« (»Kuchen«) **N**
3 auf spanisch »cacao« (»Kakao«) **B**

SUPERHIRN

176 Bei dem Wort »Sultan« haben viele die Märchen aus Tausendundeiner Nacht vor Augen. Aus welcher Sprache stammt der Herrschertitel?

1 aus dem Indischen **F**
2 aus dem Arabischen **E**
3 aus dem Englischen **K**

177 Mit »Bugs« bezeichnet man Fehler in der Software. Was bedeutet das englische Wort eigentlich?

1 Käfer, Wanze, Insekt **N**
2 Irrtum, Fehler, Verwechslung **G**
3 Macke, Schramme, Kratzer **H**

Nach einer langen Wanderung ist man oft so richtig gerädert. Worauf geht die Wendung »gerädert sein« zurück? 178

1 auf holprige Fahrten mit Kutschen, deren Räder nicht gedämpft waren **A**
2 auf die anstrengende Fortbewegung auf den ersten Fahrrädern, die noch mit den Füßen angeschoben wurden **P**
3 auf die im Mittelalter verbreitete Foltermethode des Räderns **D**

Aber dalli! So hört man es oft, wenn zur Eile angetrieben wird. Doch woher kommt »dalli«? 179

1 Es geht auf die ZDF-Fernsehshow »Dalli Dalli« zurück (1971 –1986). **O**
2 Es ist aus italienisch *da lì* »von da« übernommen. **J**
3 Es ist aus polnisch *dalej* »los, weiter« entlehnt. **E**

Bis in die Puppen wach zu sein, ist eine typische Eigenart der Jugend. Die Wendung geht auf das 18. Jahrhundert zurück – aber worauf nimmt sie Bezug? 180

1 Mit Puppen wurden Statuen im Berliner Tiergarten bezeichnet. Die lange Dauer des Spaziergangs dahin war prägend für diese Wendung. **L**
2 Mit Puppen wurden die Nachtgeister bezeichnet. Wer bis in die Puppen wach blieb, war mindestens bis zur Geisterstunde wach. **C**
3 Die Wendung bezieht sich darauf, dass es lange dauert, bis Raupen zu Puppen werden. **V**

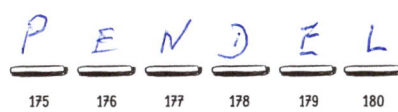

P	E	N	D	E	L
175	176	177	178	179	180

181 Dito! Aus welcher Sprache stammt dieses Wort?

1 aus dem Arabischen
2 aus dem Italienischen
3 aus dem Englischen

182 Gerade im Norden Deutschlands hört man neben »Orange« auch »Apfelsine«. Das Wort wurde aus dem älteren niederländischen *appelsina* (heute: *sinaasappel*) entlehnt. Was bedeutete *appelsina* ursprünglich?

1 »Apfel von China«, denn Orangen wurden aus China importiert
2 »kleiner Apfel«, denn die ersten bekannten Orangen waren kleiner als Äpfel
3 »Apfel« (mit Fugen-s und der auch für andere Früchte typischen Endung »-ina/e«, vgl. »Mandarine«, »Nektarine«)

183 Konfekt kann uns den Nachmittag versüßen. Wo war es im 15. Jahrhundert zuerst erhältlich?

1 in Apotheken
2 in Bäckereien
3 bei Goldschmieden

Aus Western ist diese Wurfschlinge nicht wegzudenken: das Lasso. Aus welcher Sprache stammt das Wort? 184

1 aus dem Spanischen E
2 aus dem Russischen K
3 aus dem Englischen Z

Bekannt für ihren Wein und ihre wunderschöne Landschaft, ist die Pfalz ein beliebtes Urlaubsziel in Deutschland. Aber wissen Sie, was »Pfalz« ursprünglich bedeutete? 185

1 Weinberg O
2 Herrschaftssitz K
3 Wohnsitz F

Gerade zum Jahresabschluss arbeiten viele wie ein Berserker. Die Bezeichnung »Berserker« ist aber keine Erfindung der Neuzeit. Woher kommt sie? 186

1 aus der nordgermanischen Mythologie T
2 aus dem mittelalterlichen Minnesang H
3 aus dem altindischen Rigveda J

A	F	F	E	K	T
181	182	183	184	185	186

187 Familienfeste mit der ganzen Bagage können ganz schön anstrengend sein! Wissen Sie, was das Wort »Bagage« eigentlich bezeichnete?

1 das Gepäck eines Soldaten
2 das Gefolge des Priesters in der französischen Kirche
3 die Wache des französischen Königs

188 Wenn man an etwas stark interessiert ist, dann ist man auf etwas erpicht. Mit welchem Wort steht das nur in dieser Wendung gebrauchte »erpicht« in Verbindung?

1 picken
2 piksen
3 Pech

189 Namensgeber des Adjektivs »drakonisch« war der Gesetzgeber Drakon, dessen Gesetze für ihre Grausamkeit bekannt waren. Woher kam dieser Herrscher?

1 aus Rom
2 aus Byzanz
3 aus Athen

So ein kleiner Imbiss zwischendurch ist schnell gegessen. Ursprünglich bezeichnete das Wort jede beliebige Mahlzeit, heute aber nur noch kleine Mahlzeiten außerhalb der Hauptmahlzeiten. Aus welcher Sprache stammt es?

190

1 aus dem Deutschen **S**
2 aus dem Französischen **P**
3 aus dem Englischen **B**

Manch kleiner Welpe ist wirklich putzig. Zu welchem Wort gehört »putzig«?

191

1 Putz »Schmuck, Zierrat« **A**
2 Putte »Knaben- bzw. Engelsgestalt« **T**
3 Butze »Kobold« **E**

Heute bezeichnet das Wort »Idyll« das Bild eines einfachen, meist ländlichen Lebens in Zufriedenheit. Doch was bezeichnete es ursprünglich?

192

1 eine Weide **V**
2 ein Musikinstrument **M**
3 ein Gedicht **R**

LÖSUNGSWORT

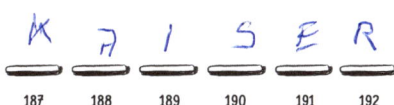

K A I S E R

187 188 189 190 191 192

193 Manchmal muss einfach Tacheles geredet werden. Aus welcher Sprache kommt das Wort »Tacheles«?

1 aus dem Italienischen
2 aus dem Jiddischen
3 aus dem Arabischen

194 Am Freitagabend sind viele Leute groggy von der Woche. Das Wort »groggy« stammt ursprünglich von einem alkoholischen Getränk ab. Von wem wurde es zuerst gebraucht?

1 von Seeleuten
2 von Soldatinnen und Soldaten
3 von Ärztinnen und Ärzten

195 Mit der Verfilmung von »Herr der Ringe« haben verschiedenste Fantasiewesen wieder Einzug in die Wohnungen der Menschen gehalten. Dazu gehören auch die Elfen. Mit welchem anderen Wort hängt »Elf« zusammen?

1 mit der Zahl elf
2 mit dem Namen Alf
3 mit dem Wort Albtraum

196

Bemmen, andernorts auch Stullen oder (Butter-)Brote genannt, finden sich in vielen Brotdosen. Das vor allem in Ostdeutschland verbreitete Wort »Bemme« ist dabei nicht deutscher Herkunft. Aus welcher Sprache ist es entlehnt?

1 aus dem Spanischen **S**

2 aus dem Sorbischen **D**

3 aus dem Englischen **A**

197

Schon wieder die ollen Kamellen! Gemeint sind damit heute altbekannte Geschichten, längst Bekanntes. Was aber bedeutete »Kamellen« hier ursprünglich?

1 alte Kamillenblüten **I**

2 altes Karamell **B**

3 alte Kamele **M**

198

Er ist nicht gerade das Symbol einer ausgeprägten Kaffeekultur: der Muckefuck. Wie genau es zu der Wortbildung kam, ist umstritten. Was spielte dabei aber sicher *keine* Rolle?

1 französisch *mocca faux* »falscher Kaffee« **G**

2 ein lautmalerisches Schimpfwort **E**

3 rheinisch *Mucken fuck* »faule, zerfallende Erde« **R**

199 Eine Thüringer Rostbratwurst ist ohne Senf für manche ungenießbar. Seit wann kennt das Deutsche eigentlich den Senf?

1 seit dem Mittelalter **R**
2 seit der frühen Neuzeit **A**
3 seit dem 20. Jahrhundert **U**

200 Dem sollte man mal die Leviten lesen! Worauf geht diese Wendung zurück?

1 auf das 3. Buch Mose in der Bibel, den sogenannten Levitikus **E**
2 auf den Jeans-Erfinder Levi Strauss **C**
3 auf die Einwohner von Leverkusen **H**

201 Bis hierher haben Sie es geschafft. Sie müssen ein Genie sein! Doch wissen Sie auch, woher das Wort »Genie« kommt?

1 aus dem Französischen **N**
2 aus dem Englischen **T**
3 aus dem Russischen **K**

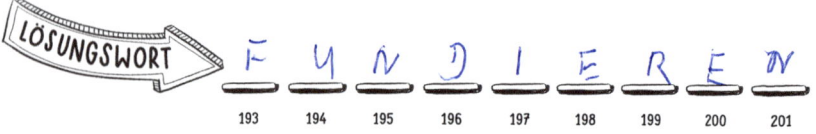

LÖSUNGSWORT

F	U	N	D	I	E	R	E	N
193	194	195	196	197	198	199	200	201

Spiel 8
Synonyme

Und schon geht es weiter! Nun sind die Synonyme, d. h. Wörter ähnlicher oder gleicher Bedeutung, an der Reihe. Dank ihnen kann sich die Vielfalt der Welt auch in unserer Sprache widerspiegeln. Aber aufgepasst! Manche Wörter haben nur eine ähnliche Bedeutung und können nicht exakt gleich benutzt werden. Ihr eigener Wortschatz ist groß? Sie kennen Synonyme zu »pfiffig« und »kurzzeitig«? Bildungssprachliche Wörter wie »vakant« sind ein Leichtes für Sie? Dann wird Ihnen dieses Kapitel gefallen.

Die Lösungswörter sind Synonyme für Essen.

LOS GEHTS!

8 Synonyme

202 Für »sehr« gibt es viele Synonyme. Welches Wort gehört nicht dazu?

1 unverschämt
2 furchtbar
3 respektlos

203 Die Bezeichnung eines Charmeurs als »Casanova« ist allgemein bekannt. Welcher Name kann dafür außerdem gebraucht werden?

1 Don Giovanni
2 Don Juan
3 Don Quijote

204 Nicht immer kann ein Synonym eines Wortes in jeder Situation gebraucht werden. In welchem Satz lässt sich »schwer« nicht durch »schwierig« ersetzen?

1 Die Suche nach einer Nachfolgerin war schwer.
2 Der Stein war ziemlich schwer.
3 Die Aufgabe war ziemlich schwer.

Kennen Sie sich mit Dialekten aus? Welches ist *kein* dialektales Synonym für »pfiffig«?

205

1 plietsch
2 schaffig
3 knitz

In der Kürze liegt die Würze! Welches ist ein anderes Wort für »kurzzeitig«?

206

1 temporär
2 temporell
3 temporal

Die Zugehörigkeit zu Berlin wird heute meist mit dem Wort »Berliner« ausgedrückt, z. B. »Berliner Sehenswürdigkeiten«. Die Adjektive »berlinisch« und »berlinerisch« beziehen sich dagegen vor allem auf den dort gesprochenen Dialekt. Sie sind weitgehend austauschbar, aber ...

207

1 ... die Form »berlinisch« wird heute vor allem in der Sprachwissenschaft gebraucht.
2 ... die Form »berlinisch« war die in der DDR übliche.
3 ... die Form »berlinerisch« ist abwertend.

LÖSUNGSWORT

S P E I S E

202 203 204 205 206 207

208 Viele bildungssprachliche Synonyme sind Fremdwörter, die aus dem Lateinischen oder Französischen kommen. Wissen Sie, welches bildungssprachliche Synonym »automatisch, von selbst, von sich aus« hat?

1 nolens volens **D**
2 per se **I**
3 sua sponte **S**

209 An der ein oder anderen Stelle hört man dieses Wort noch: »Eingeborene«. Da die Bezeichnung diskriminierend ist, sollte auf neutrale Synonyme zurückgegriffen werden, z. B. auf das fachsprachliche Synonym zu »Eingeborene«. Wie lautet es?

1 Autochore **E**
2 Autochthone **M**
3 Autonome **W**

210 Wo parkiert man auf dem Trottoir, wenn man auf dem Bürgersteig parkt?

1 in der Schweiz **B**
2 in Österreich **L**
3 in Norddeutschland **E**

Wenn jemand mit seinen Verdiensten prahlt, kommt das selten gut an. Deshalb kennt die Umgangssprache viele abwertende Wörter für den Prahler. In eine Wortgruppe hat sich ein falsches Synonym eingeschlichen. Welche ist es?

211

1 Aufschneider, Großmaul, Sprücheklopfer   **P**
2 Sprüchemacher, Windmacher, Wichtigtuer   **A**
3 Großkotz, Spitzbube, Knallprotz   **I**

Zu »Belustigung« suchen wir jetzt ein bildungssprachliches, veraltendes Synonym. Wenn man dieses wiederum ein wenig abwandelt, kommt man auf ein umgangssprachliches Synonym. Bei welchem der drei Wörter ist das der Fall?

212

1 Gaudium   **S**
2 Fidelismus   **M**
3 Euthymie   **V**

Das bildungssprachliche Synonym zu »leer, unbesetzt« ist …

213

1 … vakant.   **S**
2 … frenetisch.   **I**
3 … indigniert.   **A**

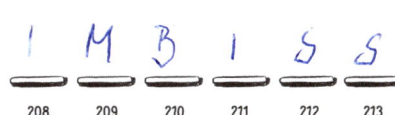

LÖSUNGSWORT

I	M	B	I	S	S
208	209	210	211	212	213

214 Einen Tollpatsch gibt es eigentlich in jeder Familie. Was ist *kein* dialektales Wort für den Tollpatsch?

1 Döskopp
2 Löli
3 Paladin   **A**

215 In der Alltagssprache werden »Angst« und »Furcht« in der Regel synonym verwendet. In der Fachsprache der Psychologie wird dagegen öfter differenziert zwischen ...

1 ... »Angst« als unbegründet, nicht objektbezogen und »Furcht« als objektbezogen.

2 ... »Furcht« als unbegründet, nicht objektbezogen und »Angst« als objektbezogen.

3 ... »Furcht« als pathologisch, »Angst« als nicht pathologisch.   **A**

216 Jemandem ins Gewissen zu reden und etwas dringend nahezulegen, ist keine schöne Aufgabe, wenn auch unter Umständen nötig. Was ist in gehobener Sprache ein Ausdruck hierfür?

1 anempfehlen
2 predigen
3 ans Herz legen   **V**

Geld bestimmt die Welt! Deshalb haben wir auch viele Wörter dafür. In eine Wortgruppe hat sich ein falsches Wort eingeschlichen, aber wo?

1 Heu, Asche, Bares **E**
2 Piepen, Mäuse, Kröten **W**
3 Pulver, Schotter, Zement **N**

Etwas ist abgedroschen, abgeleiert, abgenudelt … Besonders für wertende Wörter kennt die Umgangssprache viele Synonyme. Doch wie lautet das bildungssprachliche Pendant für die genannten Beispiele?

1 radial **F**
2 trivial **D**
3 kausal **M**

Ein Synonym für das veraltende »dufte« ist … 219

1 … famos. **B**
2 … infantil. **R**
3 … ominös. **H**

220 Welche Bezeichnung für den Tag zwischen einem Feiertag und dem Wochenende ist in Österreich am weitesten verbreitet?

1 Fenstertag   **R**
2 Brückentag   **L**
3 Verbindungstag   **A**

221 Das Wort »eröffnen« hat mehrere Bedeutungen. Welche Folge an Synonymen passt aber zu keiner dieser Bedeutungen?

1 verhandeln, bereden, besprechen   **O**
2 in Betrieb nehmen, starten, aufmachen   **N**
3 anvertrauen, bekannt geben, gestehen   **J**

222 Die dunkle Jahreszeit macht den ein oder anderen etwas behäbig. Wie lautet das bildungssprachliche Synonym für »behäbig«?

1 pragmatisch   **O**
2 phlegmatisch   **T**
3 symptomatisch   **I**

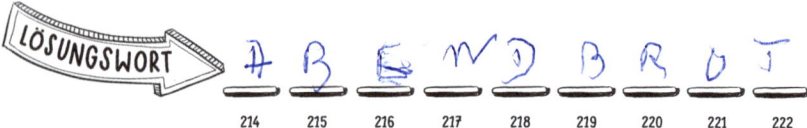

LÖSUNGSWORT   A B E W D B R O J

214   215   216   217   218   219   220   221   222

Spiel 9
Sprachliche Zweifelsfälle

»Mit dem Wissen wächst der Zweifel«, so soll es Goethe einst formuliert haben. Und der Zweifel soll nach acht Kapiteln nun auch für uns im Mittelpunkt stehen. Sprachliche Zweifelsfälle kommen oft ganz unerwartet daher: Wann verwendet man »was für ein« anstelle von »welches«? Und heißt es »anscheinend« oder »scheinbar«? Diese Fragen lassen Sie nicht zweifeln? Dann werden Sie dieses Kapitel zweifelsohne souverän bestehen.

 Die Lösungswörter sind Verbformen der Vergangenheit, zu denen es auch eine alternative Form gibt.

AUF ein NEUES!

9 Sprachliche Zweifelsfälle

 223 Manche Wörter zeigen im Deutschen einige Befindlichkeiten. So werden »sich befinden« und »befindlich« nicht in allen der folgenden Sätze richtig gebraucht. Welcher Ausdruck ist falsch?

1 Das im Regal befindliche Buch ist ziemlich langweilig. **A**
2 Das sich im Regal befindende Buch ist ziemlich langweilig. **T**
3 Das sich im Regal befindliche Buch ist ziemlich langweilig. **S**

 224 »Arm, aber sexy.« So nannte Klaus Wowereit einst Berlin. Doch wie lauten die richtigen Steigerungsformen von »sexy«?

1 sexy, sexier, am sexisten **P**
2 sexy, sexyer, am sexysten **A**
3 sexy, sexier, am sexiesten **D**

 225 Apropos »pro«: Mit welchem Kasus wird das Wort nur sehr vereinzelt gebraucht?

1 mit dem Akkusativ, also: pro landwirtschaftlichen Betrieb **S**
2 mit dem Dativ, also: pro landwirtschaftlichem Betrieb **V**
3 mit dem Nominativ, also: pro landwirtschaftlicher Betrieb **N**

Der Behälter lässt sich öffnen. Er ist ... **226**

1 ... offenbar. **V**
2 ... öffenbar. **D**
3 ... öffnenbar. **E**

~~~~~~

Dieser Satz ist der Hit in deutschen Kinderzimmern: Heißt es **227**
»Räum dein Zimmer auf« oder »Räum' dein Zimmer auf«?

1 Es heißt »Räum' dein Zimmer auf«, weil bei der Befehlsform
   »räum'« das »e« weggefallen ist und deshalb ein Apostroph (')
   stehen muss. **R**
2 Es heißt »Räum dein Zimmer auf«, weil die Befehlsform von
   »räumen« regulär mit oder ohne »e« gebildet werden kann,
   hier also kein »e« weggefallen ist. **T**
3 Beide Varianten sind erlaubt. Die mit Apostroph (') ist aber
   stilistisch besser. **X**

~~~~~~

In welchem Satz wird der Buchtitel »Der Ernährungskompass« **228**
richtig zitiert?

1 Ich lese gerade den »Ernährungskompass« von Bas Kast. **E**
2 Ich lese gerade »Den Ernährungskompass« von Bas Kast. **B**
3 Ich lese gerade »Der Ernährungskompass« von Bas Kast. **A**

 LÖSUNGSWORT

S   A   N   D   T   E
___ ___ ___ ___ ___ ___
223 224 225 226 227 228

229 Ein Buchstabe und so viel Zweifel! Heißt es »euere Katze« oder »eure Katze«?

1 In der Standardsprache ist nur »euere« zulässig; »eure« ist umgangssprachlich.

2 Beide Formen sind gleichermaßen zulässig, die Form »eure Katze« ist aber wesentlich häufiger.

3 Erlaubt ist nur »eure«, bei »euere« handelt es sich um eine falsch korrigierte, d. h. hyperkorrekte Variante. Ⓐ

230 Manche Bedeutungen verschwinden im Laufe der Zeit. So ist es auch bei »Zahl« vs. »Anzahl«. Kennen Sie noch den Unterschied? Wo ist »Zahl« bzw. »Anzahl« richtig gebraucht?

1 Die Zahl der Gäste lag bei fast 100 Personen, darunter eine große Zahl Jugendlicher.

2 Die Anzahl der Gäste lag bei fast 100 Personen, darunter eine große Zahl Jugendlicher.

3 Die Zahl der Gäste lag bei fast 100 Personen, darunter eine große Anzahl Jugendlicher. Ⓐ

231 In den Großstädten wird derzeit viel gebaut. Doch was ist der Unterschied zwischen »Baue« und »Bauten«?

1 Es gibt keinen. Beide sind der Plural von »Bau«.

2 »Baue« bedeutet als Plural von »Bau« nur »Erdwohnungen bestimmter Tierarten«. »Bauten« meint als Plural von »Bau« dagegen »Bauwerke«.

3 »Baue« bedeutet als Plural von »Bau« nur »Bauwerke«. »Bauten« meint als Plural von »Bau« dagegen »Erdwohnungen bestimmter Tierarten«.

232

Die Laute »e« und »ä« sind sich in der Aussprache sehr ähnlich, auch wenn sie für Bedeutungsunterschiede verantwortlich sind. In welchem Satz ist »nehme« durch »nähme« zu ersetzen?

1 Er sagt, dass er ab morgen Urlaub nehme. **B**
2 Sie wäre wirklich glücklich, wenn er das Geld nehme. **D**
3 Sie merkte an, dass ihr Opa seit gestern regelmäßig die Pillen nehme. **R**

233

Manchmal ist die Schreibung »tagelang«, manchmal »Tage lang« korrekt. In welchem Satz findet sich eine Falschschreibung?

1 Sie konnte zwei Tage lang nichts essen. **H**
2 Sie konnte Tage lang nichts essen. **T**
3 Sie konnte ganze Tage lang nichts essen. **N**

234

Die liebe Verwandtschaft ist auch in der Grammatik nicht ganz einfach. Wie lautet die standardsprachlich richtige Mehrzahl von »Onkel«?

1 die Onkel **E**
2 die Onkels **B**
3 die Onkeln **L**

 LÖSUNGSWORT

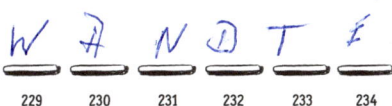

W   A   N   D   T   E
229 230 231 232 233 234

235 Ob »Isolation« oder »Isolierung«, »Realisation« oder »Realisierung« – teils führt die Wahl der Endung »-tion« oder »-ierung« zu einem Bedeutungsunterschied. In welchem Satz muss »Delegierung« durch »Delegation« ersetzt werden?

1 Die Delegierung der Aufgaben war ein notwendiger Schritt.

2 Gestern reiste die Delegierung des Präsidenten an.

3 Damit die Delegierung der Pflichten gut läuft, braucht es mehr Mut.

236 Einen unterhalb eines Briefs stehenden Nachtrag nennt man auch Postskript(um). In welchem Satz ist die Abkürzung nicht richtig gebraucht?

1 PS Morgen komme ich erst um 19 Uhr.

2 P. S. Morgen komme ich erst um 19 Uhr.

3 PS: Morgen komme ich erst um 19 Uhr.

237 Im Allgemeinen ist das Präteritum (»ich las«) problemlos durch das Perfekt (»ich habe gelesen«) ersetzbar. Doch in welchem Satz darf nur das Perfekt stehen?

1 Gestern habe ich eine Freundin besucht.

2 Im Urlaub habe ich viel geschlafen.

3 Ich habe meine Schlüssel verloren und jetzt stehe ich vor verschlossener Tür.

238

Soweit ich weiß, wird »soweit« zusammengeschrieben. Oder doch nicht? Kennen Sie die Regel?

1 Ob »soweit / so weit« zusammen- oder getrennt geschrieben wird, hängt vom Kontext ab. **G**

2 Früher wurde »so weit« getrennt geschrieben, jetzt schreibt man es zusammen, also »soweit«. **K**

3 Beide Schreibweisen sind zulässig, empfohlen wird aber die Zusammenschreibung. **I**

239

Groß oder klein? Es ist eine 50:50-Chance, nach einem Doppelpunkt fälschlicherweise klein zu beginnen. Finden Sie den Satz mit dem Fehler?

1 Die Regel lautet: wer zuerst im Ziel ist, hat gewonnen. **T**

2 Für den Kuchen benötigen Sie folgende Zutaten: zwei Eier, Mehl und Milch. **E**

3 Das Rahmenprogramm besteht aus zwei Elementen: einem Sektempfang im Hauptsaal und einem kurzen Theaterstück. **W**

240

Bei einigen Wörtern sind zwei Schreibvarianten zugelassen. Welche ist hier nicht zulässig?

1 auf Seiten **A**

2 aufseiten **V**

3 auf seiten **E**

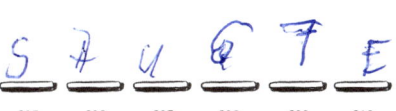

S   A   U   G   T   E

235   236   237   238   239   240

241 Das Outsourcen bestimmter Dienstleistungen ist ein Trend der letzten Jahrzehnte, der den Unternehmen zum Teil viel Geld spart. Doch das Verb »outsourcen« ist nicht ganz einfach. Wie endet der Satz richtig? Die komplette Abteilung wurde ...

1 ... outgesourct.
2 ... geoutsourct.
3 ... outgesourced.

242 Mindestens ein Paar Schuhe findet sich in jedem Schuhschrank. Oder doch besser »ein paar Schuhe«? Was ist der Unterschied zwischen »paar« und »Paar«?

1 Seit der Rechtschreibreform darf man das Wort »paar/Paar« unabhängig vom Kontext groß- oder kleinschreiben.
2 Das Wort »paar/Paar« wird dann kleingeschrieben, wenn es die Bedeutung »einige wenige« hat. Ansonsten wird es großgeschrieben.
3 Das Wort »Paar« wird seit der Rechtschreibreform immer großgeschrieben.

243 In Fragen haben »Was für ein?« und »Welches?« nicht dieselbe Bedeutung. Dennoch werden sie in der Umgangssprache oft unterschiedslos verwendet. In welcher Frage steckt der Fehler?

1 Was für einen Tee trinkst du gern? – Ich trinke gern Ingwertee.
2 Welchen Kuchen bringst du am Montag mit? – Ich bringe einen Marmorkuchen mit.
3 Was für eine Katze ist das? – Das ist eine Bengalkatze.

Mit welchem Artikel wird »Erfordernis« richtig verwendet?

1 der Erfordernis **ß**
2 die Erfordernis **K**
3 das Erfordernis **L**

Geschäftiges Treiben kann inspirierend wirken. Oder heißt es doch richtig »geschäftliches Treiben«? Was ist der Unterschied zwischen »geschäftlich« und »geschäftig«?

1 Während »geschäftig« »das Geschäft betreffend, dienstlich« bedeutet, meint »geschäftlich« »unentwegt tätig«. **N**
2 Beide Wörter bedeuten dasselbe und sind somit austauschbar. **E**
3 Während »geschäftig« »unentwegt tätig« bedeutet, meint »geschäftlich« »das Geschäft betreffend, dienstlich«. **O**

Häufig miteinander verwechselt werden »durch« und »aufgrund«. In welchem Satz sollte besser »aufgrund« statt »durch« stehen?

1 Durch den warmen Schal habe ich gestern nicht gefroren. **A**
2 Durch den Kabelbrand müssen wir den Betrieb der S-Bahnen einstellen. **M**
3 Durch den Hagel wurden die Scheiben massiv beschädigt. **K**

247 »Scheinbar«, »anscheinend« – alles dasselbe? Welche der folgenden Aussagen zu »scheinbar« vs. »anscheinend« stimmt?

1 »Scheinbar« besagt, dass etwas nur dem Schein nach, nicht in Wirklichkeit so ist. Dagegen bedeutet »anscheinend«, dass etwas wirklich so ist, wie es scheint. **M**

2 Es gibt keinen Unterschied. **A**

3 »Anscheinend« besagt, dass etwas nur dem Schein nach, nicht in Wirklichkeit so ist. Dagegen bedeutet »scheinbar«, dass etwas wirklich so ist, wie es scheint. **T**

---

248 Die Wörter »nötig« und »notwendig« sind häufig austauschbar. In welchem Satz ist »nötig« falsch anstelle von »notwendig« gebraucht?

1 Das ist die nötige Folge aus seinen Taten. **E**

2 Ein bisschen Urlaub haben wir doch alle nötig. **G**

3 Es wäre doch nicht nötig gewesen, mir etwas zu schenken. **C**

---

249 Am Ende dieses Kapitels kann ich nur sagen: »Sie waren klasse!« Oder doch »Klasse«? In welchem Satz ist das Wort fälschlicherweise kleingeschrieben?

1 Das ist wirklich große klasse! **N**

2 Ich habe ein klasse Fahrrad! **T**

3 Er hat klasse gelernt. **H**

LÖSUNGSWORT

G	E	G	L	O	M	M	E	N
241	242	243	244	245	246	247	248	249

Spiel 10
Wortbedeutung

Auf gehts ins zehnte Kapitel! Hier dreht sich alles um die Bedeutung der Wörter. So manches Wort hat es dabei in sich. Wissen Sie beispielsweise, was der Unterschied zwischen »reell« und »real« oder zwischen »ausdrücklich« und »nachdrücklich« ist? Das Wort »frappierend« ist Ihnen absolut geläufig? Sie kennen die Bedeutung von »Garbe« und »Plunder«? Dann werden Sie im Duell mit dem zehnten Band der Duden-Reihe den Sieg davontragen!

Die Lösungswörter sind sogenannte »Teekesselchen«.

LOOOS!

10 Wortbedeutung

250 **Was ist eigentlich der Unterschied zwischen einem Wörterbuch und einem Lexikon?**

1 Ein Lexikon ist einsprachig, ein Wörterbuch zweisprachig. **N**

2 In einem Wörterbuch werden die Wörter einer Sprache erklärt, ein Lexikon enthält dagegen Sachinformationen. **G**

3 »Lexikon« ist ein Fremdwort, »Wörterbuch« seine deutsche Entsprechung. Die Bedeutung ist aber identisch. **D**

251 **Fahrradfahren ist nicht nur auf dem Land eine beliebte Sportart, sondern wird auch in der Stadt immer populärer. Wie heißt die Mitte des Rades richtig?**

1 Nabe **E**

2 Narbe **H**

3 Nabel **M**

252 **Wo es bei Kurznachrichten eine Zeichenbegrenzung gibt, sind Abkürzungen besonders praktisch. Wofür wird »lol« verwendet?**

1 zum Ausdruck großer Heiterkeit **H**

2 zum Ausdruck großen Erstaunens **W**

3 zum Ausdruck großer Enttäuschung **K**

Wenn jemand kapriziös antwortet, dann antwortet er/sie ...

253

1 ... arrogant. **P**
2 ... eigenwillig. **A**
3 ... chaotisch. **G**

Besonders in der Politik ist es beliebt, bestimmte Informationen in der Presse zu lancieren. Was versteht man darunter?

254

1 die Weitergabe bewusst falscher Informationen an die Presse **G**
2 die heimliche Weitergabe von Informationen an die Presse **I**
3 das geschickte Platzieren von Informationen in der Presse **L**

Einhörner sind nicht reell. Oder sind sie nicht real? Was ist richtig?

255

1 reell **B**
2 real **T**
3 Beide Wörter sind hier gleichermaßen richtig. **E**

LÖSUNGSWORT

G E H A L T
250 251 252 253 254 255

256 Mit manchen Wörtern kommt man immer wieder durch-
einander: Wenn jemand sich nicht entblödet, etwas zu tun ...

1 ... schämt er sich nicht dafür, es zu tun.
2 ... lehnt er ab, es zu tun.
3 ... schafft er es nicht.

257 Wie nennt man eine religiöse Körperschaft mit eigenem
Vermögen?

1 Stiftung
2 Stift
3 Stifter

258 Gerade im kulturellen Bereich sind Mäzene und Mäzeninnen
sehr wichtig. Doch wer ist damit gemeint?

1 Personen, die kulturelle Aktivitäten finanziell unterstützen
2 Personen, die häufig kulturelle Aktivitäten wahrnehmen
3 Personen, die Werbung für kulturelle Aktivitäten machen Ⓐ

Untiefen müssen vor allem Seeleute kennen. Welche Bedeutung hat das Wort »Untiefe«?

1 flache Stelle im Wasser **B**
2 sehr große Tiefe **L**
3 Beide Bedeutungen existieren. **I**

Heutzutage werden die meisten Geschäfte vertraglich abgesichert. Wie nennt man Textbestandteile in Verträgen, die z. B. bestimmte Bedingungen nennen und damit Unklarheiten beseitigen sollen?

1 Klause **E**
2 Klausel **L**
3 Klausur **K**

Eine einträgliche Idee zu entwickeln, ist gar nicht so einfach. Doch was heißt »einträglich« eigentlich?

1 lukrativ **D**
2 innovativ **W**
3 konstruktiv **R**

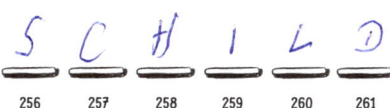

S C H I L D
256 257 258 259 260 261

262 **Einen schlechten Leumund sollte man besser vermeiden. Was ist ein Leumund?**

1 Mimik
2 Führungsstil
3 Ruf

263 **Bilder helfen der Vorstellungskraft auf die Sprünge. Doch was versteht man unter einem Bildbruch?**

1 Risse oder andere Beschädigungen in der Leinwand eines Gemäldes
2 das Abtragen antiker Mosaike, z. B. in Pompeji
3 eine Verquickung nicht zusammenpassender bildhafter Ausdrücke in der Sprache

264 **Manchmal pressiert eine Sache ... Aber was heißt eigentlich »pressieren«?**

1 dringend sein
2 interessant sein
3 spannend sein

Sorgfalt vor Einfalt! Doch wenn jemand etwas zu sorgfältig und dadurch umständlich erzählt, dann ist seine Erzählung ...

265

1 ... betulich. **F**
2 ... betucht. **A**
3 ... betörend. **H**

Beim Schlafwandeln kann es leider auch zu Stürzen und anderen Verletzungen kommen. Was aber meint die »schlafwandlerische Sicherheit«?

266

1 ein etwas benommenes Auftreten **T**
2 ein etwas verträumtes Auftreten **H**
3 ein unbeirrt sicheres Auftreten **E**

Sterne erleuchten nicht nur den Nachthimmel, sie sind auch für den ein oder anderen zukunftsweisend. Wie nennt man das Deuten der Zukunft anhand von Sternkonstellationen?

267

1 Astronomie **P**
2 Astrologie **R**
3 Astrografie **E**

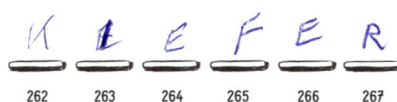

K L E F E R

262 263 264 265 266 267

268

Die ein oder andere Nachricht kann bisweilen wirklich frappierend sein. Doch was bedeutet »frappierend« eigentlich?

1 entsetzend
2 verblüffend
3 anstrengend **B**

269

Kennen Sie sich in der Landwirtschaft aus? Wissen Sie, was eine Garbe ist?

1 ein Gerät, mit dem man Heu zusammenrechen kann
2 eine Ackerfrucht, die den Boden mit Stickstoff anreichert
3 ein Bündel an Getreidehalmen

270

Wenn jemand im Umgang mit Ihnen den Respekt vermissen lässt, dann benimmt er oder sie sich ...

1 ... disrespektierlich. **G**
2 ... despektierlich.
3 ... aspektierlich.

Man sieht es oft bei Siegerehrungen: das Bouquet. Aber was bekommt eine Person, der ein Bouquet überreicht wird?

271

1 einen Blumenstrauß   **D**
2 einen Geschenkkorb   **A**
3 einen Gutschein   **H**

Wer sich für Architektur interessiert, weiß es ganz sicher: Was ist eigentlich ein Erker?

272

1 ein Kellergewölbe   **T**
2 ein Vorbau an der Vorderseite oder Ecke eines Gebäudes   **I**
3 ein einseitig offener Bogengang an Gebäuden   **M**

Körper und Geist sollten nach Auffassung mancher eine Einheit bilden. Welches der folgenden Wörter bedeutet »körperlich«?

273

1 physisch   **E**
2 physiologisch   **O**
3 psychisch   **P**

SCHON DIE LÖSUNG?

274 **In welchem Satz wäre besser »ausdrücklich« statt »nachdrücklich« verwendet worden?**

1 Nachdrücklich stellte er den Mitarbeitenden seine Lösung vor.
2 Ich hatte mein Essen nachdrücklich ohne Petersilie bestellt und nicht mit extra viel.
3 Sie sagte, sie würde das Projekt nachdrücklich unterstützen.

275 **Besonders in ihrer Jugend sind viele Menschen renitent. Was ist damit gemeint?**

1 neugierig
2 aufgebracht
3 aufsässig

276 **Niemand will Plunder zum Geburtstag bekommen. Doch was heißt »Plunder« eigentlich?**

1 unnütze Ratschläge
2 unangebrachte Witze
3 als wertlos betrachtete Gegenstände

 LÖSUNGSWORT V E R D I E N S T

268 269 270 271 272 273 274 275 276

Spiel 11
Redewendungen

Nun befinden Sie sich schon an der vorletzten Station unseres Duells! Hier geht es um Redewendungen und Sprichwörter. So bunt und abwechslungsreich sie unsere Sprache auch machen, so schwierig ist es bisweilen, sie sich zu merken. In welchem Gefäß gibt es einen Sturm? Wer kannte seine Pappenheimer? Und was ist die Ultima Ratio? Wenn Sie diese Fragen einfach finden, dann sind Sie auch schon so gut wie in der letzten Runde unseres Duells angekommen!

Die Lösungswörter kommen in Sprichwörtern besonders häufig vor.

NUR MUT!

11 Redewendungen

277 **Wenn man auf dem Holzweg ist, dann ...**

1 ... befindet man sich in einer schwierigen Situation. **C**
2 ... stellt man sich einer besonderen Herausforderung. **B**
3 ... befindet man sich im Irrtum. **S**

278 **Speisen sind besonders beliebt bei Redewendungen. Doch welche feste Wendung mit dem Wort »Brot« gibt es nicht?**

1 Wes Brot ich ess, des Lied ich sing. **S**
2 Überall sein Brot finden. **A**
3 Das Brot ist im Lot. **T**

279 **Was wirft man ins Korn, wenn man vorschnell aufgibt?**

1 die Flinte **R**
2 die Finte **F**
3 den Flint **O**

Was versteht man eigentlich unter einem goldenen Hand-schlag? 280

1 eine großzügige Abfindung **A**
2 ein kräftiges Händeschütteln **E**
3 eine besonders gewinnbringende Vereinbarung **Q**

Mit welchem Pfahl kann man sprichwörtlich *nicht* winken, um einen indirekten, aber sehr deutlichen Hinweis zu geben? 281

1 Laternenpfahl **U**
2 Zaunpfahl **T**
3 Baumpfahl **ß**

Manche Menschen hören die Flöhe husten. Was aber wünscht Ihnen jemand, der Ihnen »angenehmes Flohbeißen« zuruft? 282

1 eine unruhige Nacht **W**
2 eine schlechte Nacht **K**
3 eine gute Nacht **E**

LÖSUNGSWORT

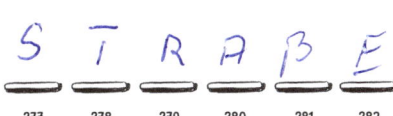

S T R A B E

~~277~~ ~~278~~ ~~279~~ 280 281 282

283 **Welche der folgenden Phrasen ist eine Redewendung für »völlig erschöpft sein«?**

1 aus allen Wolken fallen
2 in den Seilen hängen
3 in der Luft hängen

284 **Eine große Aufregung um einen geringfügigen Anlass bezeichnet man gern mit der nun gesuchten Redewendung: In welchem Gefäß findet der sprichwörtliche Sturm statt?**

1 im Wasserglas
2 im Weinglas
3 im Bierglas

285 **Ein anderer Ausdruck für ein paar Ohrfeigen ist ein Satz ...**

1 ... heiße Füße.
2 ... heiße Ohren.
3 ... heiße Hände.

Seine Pappenheimer sollte man besser kennen ... Heute ist damit gemeint, dass man bestimmte Menschen in ihren Schwächen genau kennt. Wer aber hat diese Redewendung geprägt?

286

1 Johann Wolfgang von Goethe

2 Friedrich Schiller

3 Heinrich Mann

N

G

I

Wenn jemand gut informiert ist, dann ist er/sie auf ...

287

1 ... Ballhöhe.

2 ... Torhöhe.

3 ... Saalhöhe.

E

M

D

Sich auf den kleinsten gemeinsamen Nenner zu einigen, ist vor allem in der Weltpolitik nicht selten. Doch aus welchem Bereich stammt der Ausdruck »kleinster gemeinsamer Nenner« eigentlich?

288

1 aus der Mathematik

2 aus der Physik

3 aus der Chemie

R

O

T

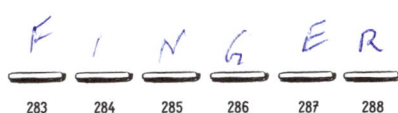

F   I   N   G   E   R

283   284   285   286   287   288

289 Wenn es um Dinge geht, die noch nicht entschieden, noch nicht spruchreif sind, ist oft von »ungelegten Eiern« die Rede. Welches ist eine andere Wendung hierfür?

1 ungefangene Fische
2 ungeerntete Früchte
3 ungegessene Kartoffeln

 290 Welches Tier geht sprichwörtlich voran, wenn man jemandem nicht den gebührenden Vortritt lässt?

1 das Pferd
2 der Esel
3 die Kuh

 291 Botanische Kenntnisse helfen beim Ergänzen dieser Redewendung weiter: Der Junge zittert ja wie …

1 … Erlenlaub.
2 … Eschenlaub.
3 … Espenlaub.

So mancher Ehestreit wird »coram publico« ausgetragen. Doch was bedeutet »coram publico« eigentlich?

292

1 öffentlich **S**
2 sehr laut **B**
3 privat **N**

Wenn jemand einen langen Salm macht, dann ...

293

1 ... redet er lang und umständlich. **E**
2 ... redet er lang und aufregend. **A**
3 ... redet er lang und witzig. **I**

Mit welchem Vergleich wird eine Person umgangssprachlich als wenig intelligent bezeichnet?

294

1 dumm wie Bohnenkraut **M**
2 dumm wie Bohnenstroh **R**
3 dumm wie Bohnengras **J**

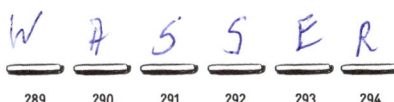

LÖSUNGSWORT

W A S S E R

| 289 | 290 | 291 | 292 | 293 | 294 |

295 **Wenn sich eine Nachricht außerordentlich schnell durch Weitererzählen verbreitet, dann verbreitet sie sich wie ein ...**

1 ... Laubfeuer.
2 ... Lautfeuer.
3 ... Lauffeuer.

296 **Manchmal ist es besser, sich mit dem zufriedenzugeben, was man sicher bekommen kann, als etwas Unsicheres anzustreben. Welchen Vogel will man dann lieber in der Hand haben als eine Taube auf dem Dach?**

1 einen Finken
2 einen Spatz
3 einen Zaunkönig

297 **Wenn man jemandem die Flötentöne beibringt, dann ...**

1 ... lehrt man ihn das richtige Benehmen.
2 ... lehrt man ihn das Spielen der Flöte.
3 ... lehrt man ihn, sich bei anderen einzuschmeicheln.

Von vielen Redensarten gibt es verschiedene Varianten. Welche Variante ist *falsch*?

298

1 wenn in China ein Sack Reis umkippt **T**
2 wenn in China ein Fahrrad umkippt **A**
3 wenn in China ein Baum umkippt **W**

~~~~~~

Für das äußere Erscheinungsbild von Personen gibt es zahllose Redewendungen. Einen besonders großen, dünnen Menschen nennt man umgangssprachlich auch ...

299

1 ... eine lange Latte. **E**
2 ... einen langen Pfahl. **O**
3 ... eine lange Stange. **N**

~~~~~~

Was ist mit der Wendung »Ultima Ratio« gemeint?

300

1 das letzte Mittel in einer schwierigen Lage **I**
2 die letzte bekannte Äußerung **T**
3 die letzte Tat vor dem Tod **A**

SCHON DIE LÖSUNG?

301 Wenn jemand nicht lange zögert, dann ...

1 ... wackelt er nicht lang.
2 ... zackert er nicht lang.
3 ... fackelt er nicht lang. **G**

---

302 Sprichwörtlich holt man etwas für jemanden aus dem Feuer, wenn man eine unangenehme Aufgabe erledigt. Bekannt wurde diese Wendung übrigens durch eine Tierfabel. Welches Wort lässt sich hier *nicht* einsetzen?

1 die Kürbisse
2 die Kastanien **R**
3 die Kartoffeln

---

303 Zurück geht diese Wendung auf ein Gedicht des 19. Jahrhunderts. Die Familienfeste sind jedes Jahr so schön wie einst ...

1 ... im Mai.
2 ... im August.
3 ... im Dezember.

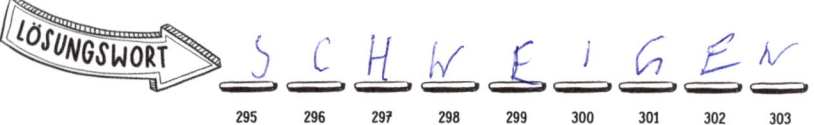

LÖSUNGSWORT

S	C	H	W	E	I	G	E	N
295	296	297	298	299	300	301	302	303

Spiel 12
Zitate und Aussprüche

Endspurt! Nur wenige Meter noch bis zum Ziel. Im letzten Akt unseres Wettkampfes geht es um Zitate und Aussprüche, die berühmt geworden sind und außerhalb ihres ursprünglichen Kontextes gebraucht werden. Sie ahnen es: Jetzt steht wieder Ihr Allgemeinwissen im Mittelpunkt. Bei »homerischem Gelächter« denken Sie nicht an die Simpsons? »Sag niemals nie« ist Ihr Leitspruch? Sie wissen, bei wem es »früher mehr Lametta« gab? Dann werden Sie dieses letzte Kapitel erfolgreich abschließen können.

 Die Lösungswörter sind diesmal Namen von Schriftstellerinnen und Schriftstellern.

12 Zitate und Aussprüche

304 **Welche Einzelhandelskette warb in den Jahren 2006 bis 2012 für sich mit dem Spruch »Jeden Tag ein bisschen besser«?**

1 H&M **T**
2 REWE **A**
3 Adidas **J**

305 **Im Jahr 1975 war das Lied 20 Wochen lang in den deutschen Charts: Er gehört zu mir wie ...**

1 ... der Bote an der Tür. **A**
2 ... mein Auto vor der Tür. **D**
3 ... mein Name an der Tür. **U**

306 **Aus welchem Text stammt der Spruch »Eher geht ein Kamel durch ein Nadelöhr«?**

1 aus dem Avesta **P**
2 aus Brehms Tierleben **C**
3 aus der Bibel **S**

Lachen ist gut für die Gesundheit. Doch was bedeutet der Ausdruck »homerisches Gelächter«?

1 ein sehr lautes, nahezu unendliches Lachen   **T**
2 ein sehr zurückhaltendes Lachen   **E**
3 ein sehr zynisches Lachen   **P**

307

Aus welchem Film stammt der Spruch »Sag niemals nie«?

1 aus »Terminator 1«   **H**
2 aus einem James-Bond-Film   **E**
3 aus »Ghostbusters«   **Q**

308

Was bedeutet der von dem englischen Philosophen Thomas Hobbes im 17. Jahrhundert geprägte Spruch »homo homini lupus«?

1 Dass der Mensch der gefährlichste Feind des Menschen ist.   **N**
2 Dass der Wolf das gefährlichste Tier für den Menschen ist.   **B**
3 Dass der Mensch im Grunde ein wildes Tier ist.   **G**

309

A	U	S	T	E	N
304	305	306	307	308	309

310 Davon geht die Welt nicht unter! Das hört man vor allem bei kleinen Unfällen oder Schwierigkeiten. Doch wo findet sich dieser Spruch ursprünglich?

1 in der Bibel **E**
2 in einem Film von 1942 **G**
3 in einem Lied von Beatrice Egli **S**

311 Etwas Unheilbringendes nennt man auch ...

1 ... die Büchse der Pandora. **O**
2 ... die Dose der Pandora. **D**
3 ... die Kiste der Pandora. **A**

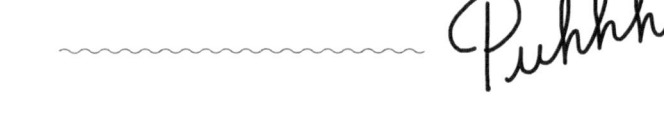

312 Bei überraschenden Wendungen und Enthüllungen wird oft vom »Pudels Kern« gesprochen. Doch von wem stammt dieser Ausspruch?

1 Friedrich Schiller **C**
2 Johann Wolfgang von Goethe **E**
3 Karl Lagerfeld **M**

Nach einem durch Marilyn Monroes wehenden Rock bekannt gewordenen Film werden Ehekrisen bis heute einem ganz bestimmten Ehejahr zugeschrieben. Welches ist es?

313

1 das sechste Ehejahr **B**

2 das siebte Ehejahr **T**

3 das achte Ehejahr **M**

Wer alles aus dem Gleichgewicht bringen und grundlegend verändern will, will »die Welt aus den Angeln heben«. Wer hat den Spruch wahrscheinlich geprägt?

314

1 Archimedes **H**

2 Johann Wolfgang von Goethe **P**

3 Heidi Klum **C**

Das Gegenteil von Nächstenliebe bringt der Spruch »Jeder ist sich selbst der Nächste« zum Ausdruck. Auf wen geht dieser Spruch zurück?

315

1 auf den ehemaligen amerikanischen Präsidenten Donald Trump **T**

2 auf den Fußballnationalspieler Michael Ballack **G**

3 auf den römischen Komödiendichter Terenz **E**

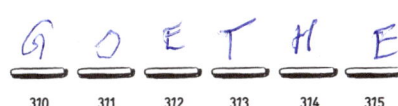

G O E T H E

310 311 312 313 314 315

316 Aus welchem Kultfilm stammt das Zitat »The same procedure as every year«?

1 aus »Pulp Fiction«
2 aus »Dinner for One«
3 aus »Der Pate«

317 Wenn man etwas freiheraus sagt, dann macht man gemäß der Bibel keine ... aus seinem Herzen.

1 Mördergrube
2 Geheimnistruhe
3 Diebeshöhle

318 Die meisten Produkte sind auf Otto Normalverbraucher ausgerichtet. Kennen Sie die Herkunft des Ausdrucks »Otto Normalverbraucher«?

1 aus dem Film »Otto – Der Film«
2 aus dem Gedicht »Ottos Mops« von Ernst Jandl
3 aus dem Film »Berliner Ballade«

319

In welchem europäischen Staat ist nach einem Zitat aus Shakespeares »Hamlet« etwas faul?

1 Dänemark **S**
2 Österreich **T**
3 Großbritannien **W**

320

Welcher US-amerikanische Präsident hat den Ausdruck »Achse des Bösen« für die drei Länder Nordkorea, Iran und Irak geprägt?

1 George W. Bush **E**
2 Donald Trump **G**
3 Barack Obama **W**

321

Was verbinden Sie mit dem Slogan »morgens halb zehn in Deutschland«?

1 das Frühstücksfernsehen **M**
2 einen Waffelsnack **N**
3 Forderungen nach einem späteren Schulbeginn **T**

LÖSUNGSWORT

H	A	N	S	E	N
316	317	318	319	320	321

322 Du bist im Recall! So sagt man es manchmal scherzhaft, wenn jemand bei einem Auswahlverfahren in die engere Wahl gekommen ist. Doch aus welcher TV-Sendung stammt der Spruch?

1 Deutschland sucht den Superstar

2 Quizduell

3 Germany's Next Topmodel

323 Am 19. April 2005 wurde der deutsche Kardinal Joseph Ratzinger zum Papst Benedikt XVI. gewählt. Welche Zeitung titelte am Tag darauf: »Wir sind Papst!«?

1 Frankfurter Allgemeine Zeitung

2 Die Welt

3 Bild

324 Ob früher wirklich mehr Lametta war, sei dahingestellt. Aus welchem bekannten Film stammt das Zitat »Früher war mehr Lametta«?

1 Schöne Bescherung!

2 Kevin – Allein zu Haus

3 Weihnachten bei Hoppenstedts

Was ist mit einem Danaergeschenk gemeint? `325`

1 ein Geschenk, das man sich schon lange gewünscht hat **G**
2 ein Überraschungsgeschenk **J**
3 ein Geschenk, das zunächst gut wirkt, sich aber als schlecht
   entpuppt **I**

Mein Schatz! Häufig wird dieses Zitat mit `326`
rauer Stimme genutzt, um etwas, das einem selbst gehört,
scherzhaft einzufordern. Aus welchem Film stammt das Zitat?

1 Herr der Ringe **N**
2 Troja **H**
3 Der Pate **R**

Da werden Sie geholfen! Dieses Zitat ist mittlerweile zum `327`
geflügelten Wort geworden. Von wem stammt es?

1 Dieter Bohlen **D**
2 Verona Pooth **G**
3 Heidi Klum **P**

328 Wer singt das Lied »Probier's mal mit Gemütlichkeit« in dem Disney-Zeichentrickfilm »Das Dschungelbuch« von 1967?

1 der Bär Balu **W**
2 der Panter Baghira **B**
3 das Menschenkind Mogli **C**

329 Woher stammt der Ausdruck »Big Brother is watching you«?

1 aus der Fernsehsendung »Big Brother« **H**
2 aus dem Roman »1984« des englischen Schriftstellers George Orwell **A**
3 aus dem Roman »Schöne neue Welt« von Aldous Huxley **T**

330 Zur letzten Frage. Wenn man mit etwas fertig ist, kann man scherzhaft sagen: »Ich habe fertig!« Doch wer hat diesen Satz ursprünglich gesagt?

1 Arnold Schwarzenegger **N**
2 Giovanni Trapattoni **Y**
3 Verona Pooth **L**

LÖSUNGSWORT

H	E	M	J	N	G	W	A	Y
322	323	324	325	326	327	328	329	330

DIE LÖSUNGEN

Sie haben sich auf das Duell mit dem Duden eingelassen. Finden Sie hier heraus, ob Sie bei einer Frage den Punkt gemacht haben oder ob sich der Duden durchsetzen konnte. Aber auch wenn Sie sich sehr sicher sind und die Antworten auf alle Fragen ohne zu zögern wussten – der Blick auf die folgenden Seiten lohnt sich auf jeden Fall: Der Duden gibt hier nämlich zur Belohnung viele spannende Erklärungen und Zusatzinformationen preis. Viel Spaß beim Lesen!

Spiel 1

1   **Die richtige Schreibung ist »Stegreif«.** ⇨ **Antwort 1**

Das Wort wird ohne »h« geschrieben, denn es hat nichts mit »stehen« zu tun. Vielmehr handelt es sich um das alte Wort für »Steigbügel«. Am Zeilenende getrennt wird es daher übrigens zwischen »g« und »r«: »Steg-reif«. Die Wendung »aus dem Stegreif« ist seit dem 17. Jahrhundert belegt und meint, dass man etwas tut, ohne dafür vom Pferd, also aus den Steigbügeln, zu steigen.

2   **Der Fehler besteht in der Großschreibung von »Besten« in dem Satz »Wir beraten Sie am Besten!«.** ⇨ **Antwort 2**

Nach Präpositionen mit verschmolzenem Artikel (»am« = »an dem«) stehen in der Regel Substantive oder substantivierte Wörter. Doch bei dem Gebrauch von »am« mit Superlativen handelt es sich um eine feste Verbindung, die die Art und Weise der Handlung beschreibt: Wenn man mit »Wie?« nach dem Superlativ mit »am« fragen kann und sich »am« nicht zu »an« und »dem« auflösen lässt, dann wird die Wortgruppe kleingeschrieben. Richtig muss der Satz also heißen: »Wir beraten Sie am besten!« In Antwort 1 dagegen lässt sich »am« auflösen; zudem kann die Verbindung nur mit »Woran?« erfragt werden.

3   **Es ist der »Schwarzwälder Schinken«.** ⇨ **Antwort 1**

Von geografischen Namen abgeleitete Adjektive auf »-er«, die die geografische Lage bezeichnen, werden in der Regel von dem folgenden Substantiv getrennt geschrieben: »Köln-Bonner Flughafen«, »Schweizer Taschenmesser«. Man schreibt sie dann immer groß.

4   **»Miene« ist die richtige Schreibung für das Wort mit der Bedeutung »Gesichtsausdruck«.** ⇨ **Antwort 1**

Entlehnt ist es im 17. Jahrhundert aus gleichbedeutend französisch *mine*. Die Schreibung mit »ie« setzte sich erst im 18. Jahrhundert zur besseren Unterscheidung von »Mine« (»Bergwerk«) durch, das gleichfalls aus dem Französischen entlehnt, aber mit »Miene« nicht verwandt ist.

Das Komma darf fehlen in dem Satz »Die Katze hatte die Absicht, zu schwimmen«. ⇨ **Antwort 3**   5

Wenn eine Infinitivgruppe wie in Antwort 1 durch die Konjunktionen »als«, »anstatt«, »außer«, »ohne«, »statt« oder »um« eingeleitet wird, muss ein Komma gesetzt werden. Auch wenn sie wie in Antwort 2 von einem Substantiv (hier: »Lage«) abhängt, wenn sie also die Bedeutung bzw. die Aussage eines Substantivs ergänzt, muss ein Komma gesetzt werden. Wenn nach dem Substantiv wie in Antwort 3 dagegen nur ein »zu«-Infinitiv ohne weitere Wörter steht, dann ist das Komma nicht verpflichtend.

In dem Satz »Sie ist eine richtige Null« ist die Großschreibung von »Null« richtig. ⇨ **Antwort 3**   6

Nur das Substantiv »die Null« schreibt man groß. Bei »unter null« und »wieder bei null anfangen« ist »null« kein Substantiv, sondern es handelt sich um das Zahlwort (»null [Grad]« bzw. »[Punkt] null«). Und das schreibt man klein.

Die richtige Schreibung ist »Griesgram«. ⇨ **Antwort 1**   7

Das Substantiv findet in dem mittelalterlichen Wort *grisgramōn* »mit den Zähnen knirschen« seinen etymologischen Vorgänger. Ein »Griesgram« ist also eigentlich jemand, der mit den Zähnen knirscht. Die heutige Bedeutung (»mürrischer Mensch«) lässt diesen Ursprung nicht mehr erkennen. Als Ableitung gibt es auch das Adjektiv »griesgrämig«.

Das Wort »kat-holisch« ist falsch getrennt. ⇨ **Antwort 3**   8

Die Konsonantenverbindungen »ch«, »ck«, »th«, »sch« und »ph« werden nicht getrennt, wenn sie für einen einfachen Laut stehen. Auch wenn »katholisch« aus den beiden altgriechischen Wörtern *katá* »gemäß« und *holós* »ganz, all« zusammengesetzt ist, steht

»th« hier für einen einfachen Laut: ein »t«. Dementsprechend wird das Wort »ka-tholisch« (oder auch »katho-lisch«) getrennt.

9 **In dem Satz »Ich habe schon seit heute morgen Hunger« ist die Kleinschreibung von »morgen« falsch.** ⇨ **Antwort 3**
Nach sogenannten Adverbien (z. B. »heute«, »gestern«) werden die Tageszeitbezeichnungen großgeschrieben, also: »heute Morgen«, »gestern Abend«. Einzige Ausnahme ist »früh«: Hier ist beides erlaubt (»heute früh« und »heute Früh«). Das liegt daran, dass »früh« sowohl als Adjektiv als auch als Substantiv gewertet werden kann; die Großschreibung ist besonders in Österreich üblich. Steht eine Präposition vor einem Adverb, wird es weiterhin kleingeschrieben: »seit heute«, »von heute bis gestern«. Immer kleingeschrieben werden auch Adverbien wie »morgens« und »mittags«.

10 **Die richtige Schreibung ist »Adresse«.** ⇨ **Antwort 2**
»Adresse« wurde im 17. Jahrhundert aus französisch *adresse* »Anschrift« entlehnt. Wie im Französischen wird das Wort nur mit einem »d« geschrieben. Im Englischen wird es jedoch *address* geschrieben. Das liegt daran, dass es dort aus einem anderen mittelfranzösischen Dialekt entlehnt wurde, in dem diese Schreibweise die gängige war.

11 **Falsch geschrieben ist »Widerholung«.** ⇨ **Antwort 1**
»Wieder« hat immer die Bedeutung »erneut, abermals, zurück«, während »wider« immer »gegen, entgegen« bedeutet. »Wiederholung« wird also mit »ie« geschrieben, denn es wird etwas erneut gemacht. Dagegen wird »Widerstand« nur mit »i« geschrieben, denn gemeint ist, dass sich jemand etwas oder jemandem entgegenstellt. Ursprünglich stammen beide Wörter von ein und demselben Wort ab, nämlich althochdeutsch *widar(i)* »entgegen, zuwider, zurück, erneut«. Die unterschiedliche Schreibung beruht auf der Idee von Gelehrten aus dem 17. Jahrhundert, die die unterschiedlichen Bedeutungen auch in unterschiedlichen Schreibweisen wiederfinden wollten.

Der gebogene Sechskantschlüssel heißt Inbus®. ⇨ **Antwort 2** **12**
Dabei ist »Inbus« die Abkürzung für »**In**nensechskantschlüssel
[der Firma] **B**auer **u**nd **S**chaurte«.

Der Fehler besteht in der Zusammenschreibung von »Klavier- **13**
spielen« in dem Satz »Elif kann ziemlich gut Klavierspielen«.
⇨ **Antwort 2**
Groß und zusammen schreibt man Wortgruppen mit Infinitiv, die
substantiviert sind, d. h. wie ein Substantiv verwendet werden. Das
ist z. B. nach einem Artikel wie »das« oder »dem« (»beim« = »bei
dem«) der Fall. In Satz 2 liegt dagegen keine Substantivierung vor.
Richtig geschrieben muss er also heißen: »Elif kann ziemlich gut
Klavier spielen.«

Die Schreibung »vorraus« enthält ein »r« zu viel. ⇨ **Antwort 3** **14**
Das Adverb »voraus« ist aus »vor« und »aus« zusammengesetzt. Es
wird deshalb nur mit einem »r« geschrieben.

Richtig ist die Zitationsweise in dem Satz: **15**
»Katzen sind die intelligentesten Tiere«, behauptet John.
⇨ **Antwort 1**
Wenn die wörtliche Rede vor dem Verb des Sagens steht, dann er-
hält die wörtliche Rede selbst kein Satzschlusszeichen, es folgt ihr
aber ein Komma. Steht die wörtliche Rede jedoch am Ende eines
Satzes, dann findet sich das Satzschlusszeichen *vor* den schlie-
ßenden Anführungszeichen. Richtig wäre die Zeichensetzung in
Antwort 2 also wie folgt:
John behauptet: »Katzen sind die intelligentesten Tiere.«

Die richtige Schreibung ist »Chai Latte«. ⇨ **Antwort 3** **16**
»Chai Latte« bezeichnet einen gewürzten Tee mit (meist auf-
geschäumter) Milch. Das Wort »Chai« geht auf nordchinesisch
ch'a »Tee« zurück. Über die Seidenstraße trat es schließlich seinen
Siegeszug an: Es verbreitete sich im gesamten asiatischen und

vorderasiatischen Raum als Bezeichnung für den Tee (z. B. persisch *chāy*, türkisch *cay*). Auch ins Indische, nämlich ins Hindi, fand es Eingang: *cāy* (gesprochen: »tschai«). Unter dem Namen »Masala Chai« ist gewürzter Tee mit Milch (und Honig oder Zucker) ein indisches Nationalgetränk geworden. Er bildet die Grundlage für den heute auch hierzulande populären »Chai Latte« (italienisch *latte*, aus lateinisch *lāc, lactis* »Milch«).

17 **Das Wort »Blöße« wird mit »ß« geschrieben, weil das »ö« lang gesprochen wird.** ⇨ **Antwort 1**
Sobald ein scharf ausgesprochenes »s« nach einem langen Laut steht, wird »ß« geschrieben, z. B. »Fleiß«, »Gruß«. Ausnahme ist, wenn das »s« nur am Wortende scharf gesprochen wird, im Wortinneren aber weich, z. B. »Haus/Häuser«, »Gras/Gräser«.

18 **Die Schreibung »pikfein« ist falsch.** ⇨ **Antwort 2**
Anders als die zwei anderen Wörter wird »piekfein« mit »ie« geschrieben. Das Wort kommt aus dem Niederdeutschen, wo es ursprünglich ein langes »ü« statt ein »ie« enthielt (niederdeutsch *pük* »erlesen, fein«). Bei der Übernahme ins Hochdeutsche wurde dieses »ü« in ein »ie« umgewandelt. Man nennt diesen Vorgang übrigens Entrundung, weil bei der Aussprache des »ü« die Lippen gerundet sind, bei der Aussprache des »ie« dagegen nicht.

19 **»Sie glaubten, in Sicherheit zu sein, doch plötzlich ...« So sind die Auslassungspunkte typografisch richtig gesetzt.** ⇨ **Antwort 1**
Wenn die drei Punkte, das sogenannte Auslassungszeichen, für ein ganzes oder mehrere Wörter stehen, dann kommt davor und danach jeweils ein Wortzwischenraum (»Leerzeichen«). Steht das Auslassungszeichen am Ende eines Satzes, entfällt der Schlusspunkt. Wird dagegen nur ein Teil eines Wortes eingespart, schließt man das Auslassungszeichen ohne ein Leerzeichen an das Wort an: »Verd...!«

20

Die richtige Schreibung ist »delegieren«. ⇨ **Antwort 3**
Weil in dem Wort »delegieren« das »ie« betont wird und so zwei
unbetonte »e« neben einem langen, betonten »ie« stehen, klingen
die »e« beim Sprechen manchmal eher wie »i«. Das Wort geht auf
lateinisch *dēlēgāre* »anweisen, beauftragen« zurück.

21

Die Schreibung »Abcschützen/Abcschützinnen« ist falsch.
⇨ **Antwort 1**
In Zusammensetzungen mit Abkürzungen muss ein Bindestrich
stehen. Will man ihn nicht setzen, muss als Bezeichnung für
das Alphabet statt »Abc« die ebenfalls zulässige Schreibung
»Abece« gewählt werden: »Abeceschützen/Abeceschützinnen«.
Aufgrund der besseren Lesbarkeit empfiehlt der Duden aber die
Schreibung »Abc-Schützen/Abc-Schützinnen«.

22

**Wenn jemand seiner Leidenschaft nachgeht, dann frönt er
seiner Leidenschaft.** ⇨ **Antwort 2**
Eigentlich würde man bei »frönen« eine Schreibweise mit »öh«
erwarten, weil besonders oft lang ausgesprochene Vokale vor »n«
mit »h« geschrieben werden. Diese Schreibweise hat sich aber erst
im Laufe des 19. Jahrhunderts durchgesetzt. Davor wurden Wörter
mit langem Vokal oft ohne »h« geschrieben. In einigen älteren
Wörtern, wie beispielsweise »frönen«, das bereits seit der 1. Hälfte
des 18. Jahrhunderts belegt ist, hat sich diese alte Schreibweise
ohne »h« bewahrt. Das betrifft auch die mit »frönen« verwandten
Wörter »Frondienst« und »Fronarbeit«.

23

Falsch geschrieben ist »sperlich«. ⇨ **Antwort 2**
Das Wort »spärlich« kommt von »sparen« und wird deshalb mit »ä«
geschrieben. Die Regel lautet: Wenn das dazugehörige Grundwort
ein »a« hat, ist die Ableitung mit »ä« zu schreiben. In vielen Regionen Mittel- und Norddeutschlands wird aber beim Sprechen kaum
ein Unterschied zwischen »ä« und »e« gemacht, sodass man sich
bei der Schreibung hier nicht an der Aussprache orientieren kann.

24 **Richtig ist nur die Schreibweise »autoritär«.** ⇨ **Antwort 2**
»Autoritär« und »Autorität« werden ohne »h« geschrieben, auch
wenn die englischen Pendants ein »h« enthalten (z. B. *authority*).
Das Englische spielt in unserem Alltag inzwischen eine große Rolle
und daher überrascht es auch nicht, dass wir bei Wörtern wie
»autoritär« etwas unsicher sind, wie sie geschrieben werden.

25 **»Schilt« ist falsch geschrieben.** ⇨ **Antwort 2**
Ob »das Schild« oder »der Schild«, ist für unsere Frage ganz
gleich – beide werden mit »d« geschrieben. Die in Antwort 3
vorkommende Schreibung »Grat« (im Gegensatz zu »Grad«) ist
übrigens richtig, wenn der schmale Kamm eines Berges gemeint
ist.

26 **Richtig geschrieben wird das Wort »geflissentlich«.**
⇨ **Antwort 3**
Verwandt ist »geflissentlich« mit »Fleiß«, dem veralteten »sich
befleißen« (»sich bemühen«) und dem Partizip »beflissen« (»eifrig bemüht«). Im heutigen Deutsch ist »geflissentlich« nur noch
in bestimmten Wendungen vorhanden, insbesondere »jemanden,
etwas geflissentlich ignorieren« oder »etwas geflissentlich über-
hören«. Es bedeutet dort so viel wie »scheinbar absichtslos, in
Wahrheit jedoch ganz bewusst«.

27 **In dem Satz »Bei unserer Reise in die USA will ich alles
mögliche sehen« ist »mögliche« fälschlicherweise kleingeschrieben.** ⇨ **Antwort 2**
Zwar wird »möglich« als Adjektiv immer kleingeschrieben, aber
in Antwort 2 und 3 ist es substantiviert und muss folglich großgeschrieben werden.

Die richtige Schreibung ist »Karosserie«. ⇨ (Antwort 3)

28

Das Wort ist im 20. Jahrhundert aus dem Französischen übernommen worden, wo *carrosserie* mit zwei »r« geschrieben wird. Die Schreibung von »Karosserie« ist aber an das schon im 17. Jahrhundert entlehnte, ebenfalls aus dem Französischen stammende »Karosse« (»Prunkwagen, Staatskutsche«) angeglichen. Die französische Vorlage *car(r)osse* wurde nämlich in vielen französischen Dialekten nur mit einem »r« geschrieben. Diese dialektale Schreibweise hat sich dann bei der Übernahme ins Deutsche bewahrt.

Die richtige Schreibung ist »empathisch«. ⇨ (Antwort 2)

29

Das Adjektiv geht auf altgriechisch *páthos* »Leidenschaft, Leiden« zurück, meint also ursprünglich in etwa »mit Leidenschaft versehen«. Dagegen bedeutet »emphatisch« »betont, mit Nachdruck, eindringlich«.

Zulässig ist nur die Schreibung »anstatt«, nicht »an Statt«. ⇨ (Antwort 3)

30

Während im Fall von »anstelle / an Stelle« und »aufgrund / auf Grund« das Substantiv, nämlich »Stelle« bzw. »Grund«, im Deutschen noch frei vorkommt, wird das Substantiv »Statt« kaum noch gebraucht. (Man findet es fast nur noch in Zusammensetzungen wie »Werkstatt« und in Fügungen wie »an Eides statt« – dort aber in neuer Rechtschreibung kleingeschrieben.) Es verliert deshalb auch in der festen Verbindung »anstatt« seine Eigenständigkeit. Daher lässt sich diese nicht als Wortgruppe interpretieren, sondern muss zusammengeschrieben werden.

Die Schreibung »rekeln« ist richtig. ⇨ (Antwort 3)

31

Das Verb ist von dem niederdeutschen Substantiv *Rekel* »der Flegel« abgeleitet und wird daher mit einem einfachen »k« geschrieben. Was die Vokale betrifft, sind zwei Schreibungen zulässig, nämlich »rekeln« und »räkeln«.

32 **In dem Satz »Das Essen schmeckt besser als ich vermutet habe« muss vor »als« ein Komma stehen.** ⇨ **Antwort 2**
Bei Vergleichen mit »als«, aber auch mit »wie«, steht nur dann ein Komma, wenn »als« oder »wie« einen Nebensatz mit gebeugtem Verb einleitet. In den Antworten 1 und 3 steht nach »als« kein Nebensatz, sondern nur ein Partizip (»erwartet«) bzw. ein Adjektiv (»nötig«) – und deshalb kein Komma. (Ein Partizip ist kein gebeugtes Verb im engeren Sinne.)

33 **In dem Satz »Seit ich das Buch lese, hat sich mein Leben verbessert« ist »seit« korrekt geschrieben.** ⇨ **Antwort 3**
Sowohl als Präposition (wie in Antwort 1) als auch in der Verwendung als Konjunktion (wie in Antwort 3) wird das Wort »seit« geschrieben. Allein wenn es sich um die flektierte Form von »sein« handelt (wie in Antwort 2), wird es »seid« geschrieben. Ein Tipp: Wann immer eine zeitliche Komponente eine Rolle spielt, steht ein »t« am Ende.

34 **»Litfaßsäule« wird mit »ß« geschrieben, weil sie nach einem Herrn Litfaß benannt ist und »ß« in Namen nicht in »ss« geändert wird.** ⇨ **Antwort 1**
Personennamen sind also von den allgemeinen Rechtschreibregeln nicht betroffen, sie bleiben in der Regel unverändert. Der Drucker Ernst Litfaß errichtete im Jahr 1855 als Erster eine solche Plakatsäule. Deshalb wird sie bis heute nach ihm benannt.

35 **»Alphtraum« ist falsch geschrieben.** ⇨ **Antwort 3**
Sowohl »Albtraum« als auch »Alptraum« sind richtig, wobei der Duden die Schreibung mit »b« empfiehlt. Schon althochdeutsch *alb/alp* hatte die Bedeutung »Nachtgespenst«.

36 **Falsch geschrieben ist das Wort »entlich«.** ⇨ **Antwort 3**
Richtig wird es »endlich« geschrieben, denn es ist mit »Ende« verwandt. Die Bedeutung »Ende, Abschluss« ist bei allen Wörtern, die »end-« beinhalten, noch präsent. Anders ist es bei »ent-«:

Ursprünglich bedeutete das sogenannte Präfix »ent-« »gegenüber«. Diese Bedeutung zeigt es mit anderem Vokal, nämlich mit »a«, noch in Wörtern wie »Antwort« oder »Antlitz«. In Verben hat sich für »ent-« schließlich die Bedeutung des Umkehrens durchgesetzt: Es macht die Bedeutung des einfachen Verbs ohne »ent-« rückgängig, wie in vielen Fällen noch heute erkennbar ist, z. B. bedeutet »entfalten« »etwas auffalten«, »enteisen« bedeutet »vom Eis befreien«.

Auch wenn diese Tiere rennen, sind sie keine »Renntiere«, sondern »Rentiere«. ⇨ Antwort 2

37

Das Wort ist zusammengesetzt aus *ren,* dem schwedischen Wort für das Rentier, und »Tier«. Es ist damit ein sogenanntes verdeutlichendes Kompositum, weil »Tier« inhaltlich im Grunde überflüssig ist.

Zwischen Wochentag und Kalendertag muss immer ein Komma stehen, also »Montag, der 3. Juni«. ⇨ Antwort 1

38

Lediglich *nach* dem Kalendertag ist das Komma fakultativ, also »Am Dienstag, dem/den 5. September[,] kommt Jannis«.

Richtig geschrieben ist nur das Wort »beredt«. ⇨ Antwort 3

39

Die Wörter »beredsam« und »beredt« (»redegewandt«) sind Synonyme, werden aber unterschiedlich geschrieben. Während »beredsam« direkt von dem Verb »bereden« abgeleitet ist und deshalb nur mit »d« geschrieben wird, ist »beredt« aus dem Partizip von »bereden« verkürzt: »beredet« > »beredt«. Das »t« gehört also ursprünglich zum Partizip. Die »Beredtheit« wiederum wurde von »beredt« abgeleitet, weshalb sie ebenfalls mit »dt« geschrieben wird.

Treffen drei gleiche Buchstaben aufeinander, dann werden alle drei geschrieben, also »Kaffeeersatz«, »Kunststofffilter«. ⇨ Antwort 2

40

Zur besseren Lesbarkeit kann ein Bindestrich gesetzt werden. Das ist aber nicht verpflichtend.

41 **Richtig ist die Schreibung »Schweizergarde«.** ⇨ **Antwort 3**
Wörter auf »-er« zu geografischen Namen (z. B. »Schweizer«, »Wiener«, »Thüringer«) werden immer dann mit dem folgenden Substantiv zusammengeschrieben, wenn das Wort auf »-er« Personen bezeichnet. Da dies bei der »Schweizergarde« der Fall ist (»Garde, die aus Schweizern besteht«), gilt diese Regel hier. Ein anderes Beispiel ist die Bezeichnung »Römerbrief« (für den Brief des Paulus an die Römer, ein Buch des Neuen Testaments). Viel häufiger jedoch werden diese Wörter auf »-er« getrennt von dem folgenden Wort geschrieben, z. B. »Frankfurter Würstchen«.

42 **Die richtige Schreibung ist »morgendlich«.** ⇨ **Antwort 1**
»Morgendlich« ist zwar mit »-lich« von »Morgen« abgeleitet, wird aber dennoch mit »d« geschrieben. Dieses »d« hat »morgendlich« von seinem Pendant »abendlich« übernommen, wo das »d« aufgrund der Ableitung von »Abend« richtig steht. In älteren Texten ist aber noch das ursprüngliche »morgenlich« anzutreffen.

43 **Falsch ist die Schreibung »hier zulande«.** ⇨ **Antwort 3**
Bei dem Adverb »hierzulande«/»hier zu Lande« sind Zusammen- oder Getrenntschreibung gleichermaßen richtig.

44 **Richtig ist nur die Schreibung »Bertha-Benz-Straße«.**
⇨ **Antwort 3**
Straßennamen, die mit mehrteiligen Namen zusammengesetzt sind, schreibt man mit Bindestrich; dieser steht zwischen den einzelnen Bestandteilen. Das gilt übrigens auch, wenn darin Abkürzungen enthalten sind: »E.-T.-A.-Hoffmann-Weg«, St.-Blasien-Straße«.

45 **Die richtige Schreibweise ist »Hast«.** ⇨ **Antwort 1**
Das aus dem Niederdeutschen stammende Wort wird mit einem einfachen »s« geschrieben.

Spiel 2

Einflussreiche Personen in hohen Positionen nennt man »hohes« oder »großes Tier«, nicht aber »gewichtiges Tier«.
⇨ **Antwort 3**

»Angsthasen«, »Miethaie«, »Pechvögel«, »schwarze Schafe« und »lahme Enten« sind weitere Beispiele für solche Ausdrücke.

46

Der Ausdruck »die ganzen Vögel« gilt als umgangssprachlich.
⇨ **Antwort 3**

Das Wort »ganz« wird im Sinne von »gesamt, vollständig« nur mit Substantiven im Singular verwendet: z. B. »das ganze Haus«, »die ganze Schule«. Man sollte es nur dann im Plural nutzen, wenn damit nicht »sämtliche«, sondern jedes Einzelne der vielen in seiner Gesamtheit gemeint ist, wie beispielsweise in Antwort 2. Hier soll nämlich zum Ausdruck gebracht werden, dass es mehrere Dörfer gab, die ganz und gar überschwemmt wurden. Deshalb steht in dieser Verwendungsweise auch nicht der Artikel »die« vor dem Substantiv im Plural. Die Faustregel ist: Steht vor dem Substantiv im Plural der Artikel »die«, dann sollte »alle« statt »ganz« gebraucht werden, also statt »die ganzen Vögel« lieber »alle Vögel«.

47

Richtig heißt es »sich in Geduld fassen« oder »üben«; die Wendung »sich in Geduld halten« gibt es nicht. ⇨ **Antwort 3**

48

Ein Schachtelsatz ist »Obwohl sie, was sie sonst nie machte, weil es ihr nicht guttat, erst spät schlafen gegangen war, war sie am nächsten Tag hellwach«. ⇨ **Antwort 1**

Von einem Schachtelsatz ist alltagssprachlich die Rede, wenn in einen Nebensatz ein weiterer oder mehrere weitere Nebensätze eingefügt sind. Der Ausdruck verdeutlicht, dass der Gesamtsatz unübersichtlich ist.

49

50 **Standardsprachlich sind die Pluralformen »die Kumpel«, »die Bauklötze«, »die Bestecke«.** ⇨ Antwort 2

Die Formen »die Kumpels«, »die Bauklötzer« und »die Bestecks« gelten als umgangssprachlich.

51 **Geglänzt wird immer *durch* Abwesenheit.** ⇨ Antwort 2

52 **Im Standarddeutschen sagt man statt »mit das schönste Gebäude« am besten »eines der schönsten Gebäude«.** ⇨ Antwort 3

Antwort 1 und 2 würden bedeuten, dass es das mit Abstand schönste Gebäude in der Stadt ist. Lediglich die sogenannte Genitivkonstruktion »eines der« kann die »mit«-Konstruktion adäquat ersetzen.

53 **Das Adjektiv »lila« wird in der Standardsprache nicht flektiert, weshalb »ein lilanes Hemd« falsch ist.** ⇨ Antwort 2

Richtig würde es heißen: »ein lila Hemd«. Ersatzweise kann an die nicht flektierbaren Adjektive das Wort »-farben« gehängt werden, das dann wieder zu flektieren ist, also: »ein lilafarbenes Hemd«, »ein rosafarbenes Hemd«. Umgangssprachlich werden »lila« und »rosa« aber auch gebeugt.

54 **In dem Satz »Es war erkenntlich, dass ...« ist »erkenntlich« falsch gebraucht.** ⇨ Antwort 2

Anstelle von »erkenntlich« hätte hier »erkennbar« oder »kenntlich« gebraucht werden müssen, um auszudrücken, dass man klar sehen konnte, dass er keine Lust auf den Ausflug hatte. Dagegen heißt »sich für etwas erkenntlich zeigen«/»für etwas erkenntlich sein«, dass man seinen Dank für etwas durch eine Gabe oder eine Gefälligkeit zum Ausdruck bringt bzw. dass man dankbar ist.

55 **Wenn nach »lernen« nur der Infinitiv (ohne weitere Ergänzungen) folgt, steht er ohne »zu«, also: »Ich lerne reiten.« Wenn aber eine oder mehrere Ergänzungen folgen, erscheint**

der Infinitiv zumeist mit »zu«, also: »Ich lerne, einen Kopfstand zu machen«. ⇨ Antwort 1

Richtig heißt es für »seit langer Zeit« in gehobenem Deutsch
»von alters her«. ⇨ Antwort 3

56

Standardsprachlich korrekt sind nur »seit alters« und »von alters her«,
denn »von ... her« ist eine übliche Kombination für Orts- und Zeitan-
gaben (z. B. »von Berlin her«, »von früher her«). »Seit« wird dagegen
nicht mit »her« verbunden; die Fügung »seit alters her« ist eine
Kontamination (Vermengung) aus »seit alters« und »von alters her«.

Der Satz »Er trank eine Tasse starken Kaffees« ist richtig *und*
wird als gehobener Sprachgebrauch empfunden. ⇨ Antwort 2

57

Dabei ist »starken Kaffees« ein sogenannter partitiver Genitiv. In
der Standardsprache ist die übliche Ausdrucksweise dagegen: »Er
trank eine Tasse (starken) Kaffee.« Hier spricht man von einer sogenannten partitiven Apposition; »Kaffee« steht hier im selben Fall
wie »Tasse«. Den Genitiv kann man nur dann wählen, wenn dem
Substantiv ein Adjektiv vorangeht; aus diesem Grund ist der Satz in
Antwort 1 falsch.

Stilistisch am besten ist der Satz »Ich bitte um die Erlaubnis,
den Brief abzudrucken«. ⇨ Antwort 2

58

Es gilt stilistisch als besser, Ausdrücke der Erlaubnis nicht mit »dürfen« zu kombinieren, da es sich bei einer Erlaubnis bereits um die
Bestätigung handelt, dass jemand etwas tun darf. Die Verwendung
von »Erlaubnis« in Verbindung mit »dürfen« ist sehr verbreitet. Im
Grunde liegt hier aber ein sogenannter Pleonasmus vor, eine Dop-
pelung sinngleicher Wörter.

Wenn man etwas positiv beurteilt, stellt man es »in rosigem
Licht« dar. ⇨ Antwort 1

59

Der Gebrauch von Rosatönen bei Wendungen, die eine besonders
positive Darstellung zum Ausdruck bringen, ist weitverbreitet. So

sprechen wir beispielsweise auch von der rosaroten Brille, wenn eine verliebte Person alles positiv sieht.

60 **»Ich erinnere diesen Vorfall« ist umgangssprachlich.** ⇨ **Antwort 1**
Nur in der (zumeist norddeutschen) Umgangssprache wird »erinnern« mit Akkusativ ohne die Präposition »an« gebraucht; dies gilt nicht als standardsprachlich. Am weitesten verbreitet und in der Standardsprache am meisten genutzt ist »erinnern« mit »an«. Seltener und vor allem in gehobenem Deutsch wird »erinnern« mit Genitiv gebraucht, wie in Antwort 3.

61 **Die Verwendung von »der« in »Der hat mich wirklich genervt« ist umgangssprachlich und als unhöflich einzustufen.**
⇨ **Antwort 2**
Der Gebrauch von »der«, »die«, »das« anstelle der Personalpronomen »er«, »sie«, »es« gilt im Allgemeinen als unhöflich oder zumindest als umgangssprachlich. Dagegen ist die Verwendung von Vornamen mit dem Artikel (z. B. »die Maria«), wie sie etwa von der Mitte Deutschlands bis in den Süden üblich ist, zwar umgangssprachlich, gilt aber nicht als unhöflich.

62 **Das Schwert ist in dieser Wendung eindeutig »zweischneidig«.**
⇨ **Antwort 2**
Die feste Wendung »ein zweischneidiges Schwert« bezeichnet etwas, das sowohl eine gute als auch eine schlechte bzw. gefährliche Seite hat.

63 **Wenn man »trotz« mit dem Genitiv verwendet, liegt man eigentlich immer richtig: »trotz des Regens«.** ⇨ **Antwort 3**
Besonders in Süddeutschland, Österreich und der Schweiz wird der Dativ aber auch gebraucht, also »trotz dem Regen«. Ganz allgemein findet sich der Dativ dann häufiger, wenn kein Artikel steht: »trotz starkem Regen«. Wenn der Genitiv im Plural nicht erkennbar ist, muss der Dativ in jedem Fall gewählt werden: »trotz Regengüssen«.

Es handelt sich um ein Medikament gegen Corona. ⇨ **Antwort 2** **64**
Im Standarddeutschen heißt es also »ein Medikament gegen etwas«. Nur in der Umgangssprache wird an dieser Stelle »für« verwendet. Gar nicht dagegen wird »mit« gebraucht.

Wenn etwas zu lange dauert, dann dauert es ewig und drei **65**
Tage. ⇨ **Antwort 2**
In dieser Redewendung wird das Wort »ewig« scherzhaft noch um drei Tage erweitert. Das bringt zwar keine zusätzliche Bedeutung, unterstreicht aber die wirklich sehr lange Dauer.

Das Erwarten eines Babys wird auch als süßes Geheimnis **66**
bezeichnet. ⇨ **Antwort 1**
Sehr häufig verschweigen werdende Eltern die Schwangerschaft bis zum dritten Monat, weil in den ersten drei Monaten die Wahrscheinlichkeit eines vorzeitigen Abgangs signifikant höher ist als in den verbleibenden sechs Monaten.

Wenn etwas schon immer so ist, dann ist es so seit Adams **67**
Zeiten. ⇨ **Antwort 1**
Mit Adam und Eva beginnt gemäß dem Alten Testament die Geschichte der Menschheit. Da aber die Geschichte vorrangig aus männlicher Perspektive verfasst wurde, hat Adam und nicht Eva Eingang in diese Wendung gefunden. In abgewandelter Form findet sich heute gelegentlich auch »seit Evas Zeiten«, gerade wenn speziell von Frauen die Rede ist.

Standardsprachlich richtig ist »Er gedachte seines alten **68**
Lehrers«. ⇨ **Antwort 1**
In der Standardsprache darf bei »gedenken« nur der Genitiv gebraucht werden. In der Umgangssprache ist auch der Dativ verbreitet (Antwort 2). Gänzlich falsch ist jedoch der Akkusativ in Antwort 3.

69 **Der Ausdruck »die zu diesem Konto gehörige E-Mail-Adresse« ist nicht standardsprachlich.** ⇨ Antwort 3
In der Bedeutung »zu etwas oder jemandem gehörend« ist »gehörig« nur umgangssprachlich zulässig. Auch wenn »gehörig« von »gehören« abgeleitet ist, bedeutet es ausschließlich »gebührend« (wie in Antwort 1) oder »beträchtlich, sehr« (wie in Antwort 2).

70 **Langsam wirkendes Gift nennt man auch schleichendes Gift.** ⇨ Antwort 1

71 **Standardsprachlich richtig ist nur der Satz »Sie hat leider kein Geld eingesteckt«.** ⇨ Antwort 2
Die Form mit dem Infinitiv ist umgangssprachlich (Antwort 1). Auch die sogenannte »doppelte« Perfektbildung, die zu dreiteiligen Formen wie »sie hat … eingesteckt gehabt« führt (Antwort 3), gilt standardsprachlich als nicht korrekt.

72 **Wir sprechen davon, etwas zu Papier zu bringen.** ⇨ Antwort 1
Wenngleich Papier immer seltener benutzt wird, um etwas aufzuschreiben bzw. schriftlich niederzulegen, ist es noch immer fester Bestandteil unserer Sprache. In Verbindung mit Papier wird »werfen« nur in der Wendung »etwas aufs Papier werfen« gebraucht und bedeutet dabei in gehobener Sprache »etwas skizzieren, entwerfen«.

Spiel 3

73 **Eine Planierraupe wird in Abbildung 3 gezeigt.** ⇨ Antwort 3
Mit dem beweglichen Stahlschild an der Vorderseite können Planierraupen Erdreich schieben. Eingesetzt werden sie vor allem beim Straßen- oder Hausbau, um Flächen zu ebnen. Abbildung 1 zeigt einen Hydraulikbagger, Abbildung 2 einen Walzenzug.

Für das abgebildete Gefäß gibt es die beiden Bezeichnungen »Dekanter« und »(Wein-)Karaffe«, die Bezeichnung »Amphore« ist nicht üblich. ⇨ **Antwort 3**

74

Das Wort »Dekanter« ist eine Substantivierung zu dem Verb »dekantieren«, das im 17. Jahrhundert aus französisch *décanter* »vorsichtig ausgießen« entlehnt wurde. »Karaffe« wurde dagegen wahrscheinlich aus italienisch *caraffa* »bauchige Glasflasche« im 18. Jahrhundert übernommen. Das Gefäß dient dazu, Rotwein vor dem Trinken von möglicherweise in der Flasche vorhandenem Bodensatz zu trennen, und ermöglicht dem Wein, sein volles Aroma durch den Luftkontakt zu entfalten.

Bei dieser Schrift handelt es sich um Lautschrift. ⇨ **Antwort 2**

75

Mit Lautschrift kann die exakte Aussprache eines Wortes angegeben werden. Auch der Duden nutzt sie. Der kleine Strich oben zu Beginn zeigt an, dass das Wort auf der ersten Silbe betont wird. Die aufeinander zeigenden Dreiecke (in vereinfachter Form auch ein Doppelpunkt) stehen für die lange Aussprache des davorstehenden Vokals. Der Strich unter dem »n« schließlich zeigt, dass das »n« silbisch ausgesprochen wird.

Auf dem Bild ist das Matt zu sehen. ⇨ **Antwort 2**

76

Genauer gesagt handelt es sich um ein sogenanntes Springermatt: Der schwarze Springer setzt den weißen König matt, d. h., dieser kann nicht mehr ausweichen, weil der schwarze Läufer die beiden anderen Felder abdeckt.

Diese seitlichen Triebe nennt man Ausläufer. ⇨ **Antwort 1**

77

Ausgehend von der Mutterpflanze entwickeln manche Pflanzen, wie beispielsweise Erdbeeren, Ausläufer, aus deren Sprossen sich kleine neue Pflanzen entwickeln.

Abbildung 2 zeigt den Großen Wagen. ⇨ **Antwort 2**

78

Der Große Wagen ist eines der bekanntesten Sternbilder überhaupt.

79 **Der Skeletonfahrer ist in Abbildung 3 zu sehen.** ⇨ (Antwort 3)
Beim Skeleton (englisch *skeleton* »Skelett«) fahren die Athletinnen
und Athleten bäuchlings und mit dem Kopf nach vorn durch den
Eiskanal. Der Name »Skeleton« rührt daher, dass der Skeleton-
schlitten mit einem Skelett aus Stahl assoziiert wurde. Abbildung 1
zeigt zwei Bobfahrer, Abbildung 2 einen Rennrodler.

80 **Bei dem abgebildeten Fabelwesen handelt es sich um eine
Chimäre.** ⇨ (Antwort 1)
Dieses dreigestaltige Ungeheuer, das schon bei Homer im 8. Jahrhundert v. Chr. erwähnt wird, setzt sich aus einem Löwen,
einem Drachen und einer Ziege zusammen. In anderen antiken
Beschreibungen hat die Chimäre dagegen – wie hier abgebildet –
einen Löwenkopf, einen Ziegenkopf und schließlich als Schwanz
eine Schlange. Gemäß dem griechischen Autor Hesiod im 7. Jahrhundert v. Chr. ist die Chimäre die Schwester der Sphinx. Beide
sind neben dem Höllenhund Kerberos und der Hydra Kinder von
Echidna und Typhon.

81 **Der milchig weiße Abschnitt im unteren Teil des Nagels wird
Möndchen genannt.** ⇨ (Antwort 2)
Der Grund für diese Benennung liegt in seiner halbmondförmigen
Gestalt. Auf Latein heißt dieses Wort *lūnula* (von lateinisch *lūna*,
»Mond«, also »kleiner Mond«).

82 **Das Zelt in der Abbildung wird Igluzelt genannt.** ⇨ (Antwort 2)
Komfort ist nicht gerade das, was man mit einem Igluzelt verbindet,
aber praktisch ist es und auch für den kleinen Geldbeutel geeignet.
Besonders komfortabel ist dagegen das Bungalowzelt, das nicht
nur Platz zum Schlafen, sondern auch einen Aufenthaltsraum für
mehrere Personen bietet.

83 **Der abgebildete Schnitt heißt Undercut.** ⇨ (Antwort 1)
Beim Undercut handelt es sich um eine Frisur, bei der der untere

Kopfbereich rasiert ist und die Haare im oberen Bereich lang sind. Man sieht sie vor allem auf den Straßen der Großstädte – kein Vergleich mit der Lockenperücke des 18. Jahrhunderts, die man heute nur noch als Bestandteil von Kostümen antrifft!

Ein Fasan ist in Abbildung 2 dargestellt. ⇨ Antwort 2 · 84

In der Natur fällt der Fasan vor allem durch sein farbenprächtiges Gefieder auf. Abbildung 1 zeigt einen Auerhahn, Abbildung 3 ein Rebhuhn.

Der dritte Pfeil in der Abbildung zeigt auf die Plenar-assistentinnen und -assistenten. ⇨ Antwort 3 · 85

Sie unterstützen den regulären Ablauf der Bundestagssitzungen in technischen Dingen, beispielsweise bereiten sie das Redepult vor und stellen die Uhr für die Redezeit. Umgangssprachlich werden sie auch als »Saaldiener/-innen« bezeichnet. Der erste Pfeil zeigt auf den Platz des Stenografischen Dienstes, der zweite auf die Regierungsbank.

Abbildung 3 zeigt die Kneifzange. ⇨ Antwort 3 · 86

Mit den zwei scharfen, gegeneinander gebogenen Schneiden kann man Nägel entfernen und Drähte abkneifen. Abbildung 1 zeigt eine Wasserpumpenzange, Abbildung 2 eine Flachzange.

Die Abbildung zeigt ein BMX-Rad. ⇨ Antwort 2 · 87

»BMX« steht für englisch *Bicycle Motocross.* Das »X« in der Abkürzung bedeutet dabei englisch *cross,* was »Kreuz«, aber auch »durchqueren« meinen kann. Ein klassisches BMX-Rad hat 20-Zoll-Räder, einen aufrechten Lenker, einen schmalen Sattel, eine dreiteilige Kurbel und keine Schaltung.

Der abgebildete Ort in der Kirche heißt Kanzel. ⇨ Antwort 3 · 88

Das Wort »Kanzel« beschreibt den erhöhten, mit einer Brüstung umgebenen Platz, von dem aus die Predigt gehalten werden kann.

Es ist aus spätlateinisch *cancella* »Einzäunung« entlehnt. Kanzeln gibt es übrigens auch in Synagogen und Moscheen.

89 **Das abgebildete Gartengerät wird »Setzholz« oder »Pflanzholz«, nicht aber »Spitzholz« genannt.** ⇨ **Antwort 1**
Mit dem Pflanz- oder Setzholz können Löcher in den Boden gebohrt werden, die ein leichteres Einpflanzen ermöglichen.

90 **Das abgebildete Instrument heißt Cembalo.** ⇨ **Antwort 1**
Das Cembalo zeichnet sich durch seinen sehr hellen und klaren Klang aus. Das Cimbalom ist ein mit Saiten bespanntes Hackbrett.

91 **Dieser Tisch in der Mitte einer Vierersitzgruppe wird als »Schmetterlingstisch« oder »Flügeltisch« bezeichnet, nicht aber als »Falttisch«.** ⇨ **Antwort 3**
Der Tisch ist deshalb nach Schmetterlingen (oder Flügeln) benannt, weil die Tischplatte auf einer mittleren Achse sitzt und Teile von ihr seitlich ausklappbar sind wie die Flügel eines Schmetterlings. Neben dem Schmetterling ist übrigens die Schnecke wichtige Impulsgeberin für Architektur und Mobiliar.

92 **Ein Zylinder wird in Abbildung 2 gezeigt.** ⇨ **Antwort 2**
Bei einem Zylinder sind zwei kreisrunde Grundflächen durch einen Mantel miteinander verbunden. Der Körper in Abbildung 1 heißt dagegen Kegel und Abbildung 3 zeigt ein sogenanntes Dreikantprisma.

93 **Die Galerie befindet sich in der Abbildung ganz oben.** ⇨ **Antwort 1**
Der oberste Rang, in der Regel der dritte, wird Galerie genannt. Diese Benennung des obersten Ranges einer Oper oder eines Theaterhauses basiert auf dem Vergleich mit der Galerie in Häusern, die einen Rundgang im oder am Haus beschreibt. Dieser Rundgang ist wie der oberste Rang in der Oper nach einer Seite offen und dort nur mit einem Geländer gesichert.

Spiel 4

Das Adjektiv »einzig« sollte man nicht steigern, weil es einen nicht verstärkbaren Zustand bezeichnet. ⇨ **Antwort 3**

94

Das Wort »einzig« beschreibt den Zustand des Alleinseins. Die Steigerung von Adjektiven führt dazu, dass das mit dem Adjektiv Beschriebene noch mehr zutrifft. Inhaltlich ist diese Steigerung aber nicht bei allen Wörtern sinnvoll: Da man nicht noch »alleiner« als allein sein kann, wird »einzig« normalerweise nicht gesteigert. Gelegentlich geschieht dies dennoch, um den höchsten Grad noch zu verstärken. Bei übertragener Bedeutung (»hervorragend, ausgezeichnet«) findet sich die Steigerung selbst bei Goethe: »Gute Nacht, Engel. Einzigstes, einzigstes Mädchen, und ich kenne ihrer viele.«

Die Konjunktionen »obwohl«, »obgleich«, »selbst wenn« leiten Konzessivsätze ein. ⇨ **Antwort 1**

95

Daneben können am Anfang von Konzessivsätzen auch andere Konjunktionen bzw. Wortgruppen wie »obschon«, »wenn auch« und »sogar wenn« stehen. Ein Beispiel für einen Konzessivsatz: »Sie haben die Gletscherwanderung angetreten, obwohl die Bergführerin sie davor gewarnt hatte.«

Nur »Er wog das Mehl ab« ist richtig. ⇨ **Antwort 1**

96

Das Verb »abwiegen« ist nämlich wie »wiegen« (»das Gewicht feststellen«) ein starkes Verb. Ein schwaches Verb ist dagegen das damit verwandte »abwägen« (»sie wägte ab, sie hat abgewägt«). Das Verb »wiegen« in der Bedeutung »schaukeln« wird ebenfalls schwach gebeugt (»Er wiegte das Kind in den Schlaf«). Dieses Verb hat aber einen anderen Ursprung als die vorgenannten.

Beide Möglichkeiten sind korrekt: »Sowohl sein Bruder als auch seine Cousine war/waren gekommen«. ⇨ **Antwort 3**

97

Wenn »sowohl – als auch« zwei Subjektteile (hier: »sein Bruder / seine Cousine«) verbindet, steht das Verb normalerweise im

Singular (hier: »war«). Der Plural ist aber meistens auch möglich (hier: »waren«). Grund ist, dass die Reihung zum einen als Subjekt im Plural aufgefasst werden kann: »Sein Bruder und seine Cousine waren gekommen.« Zum anderen kann sie aber auch als Zusammenfassung zweier Sätze mit jeweils einem Subjekt im Singular interpretiert werden: »Sein Bruder [war gekommen] und seine Cousine war gekommen.«

98

Das Deutsche hat vier Kasus. ⇨ Antwort 1
Im Einzelnen sind dies: Nominativ (»Wer/was?«), Genitiv (»Wessen?«), Dativ (»Wem?«) und Akkusativ (»Wen?«). Vor etwas mehr als 1000 Jahren hatte das Deutsche sogar noch einen fünften Kasus, nämlich den Instrumental. Damit konnte ausgedrückt werden, womit etwas getan wird. Der Verlust von einzelnen Kasus ist keine Seltenheit in der Sprachgeschichte. Die Bedeutungen bzw. Funktionen der verlorenen Kasus werden dabei einfach von anderen Kasus übernommen. Die Funktion des Instrumentals wird heute von der Präposition »mit« in Verbindung mit dem Dativ erfüllt: Sie schrieb den Brief *mit dem Stift.*

99

Nur der Satz »Ich werde das Buch lesen« steht im Futur I.
⇨ Antwort 2
Das Futur I wird im Deutschen mit dem Präsens von »werden« und dem Infinitiv gebildet. In dem Satz »Das Buch wird gelesen« steckt zwar auch »werden«, in Verbindung mit dem Partizip II »gelesen« bildet es aber ein Passiv im Präsens. Die Form »wird gelesen haben« bezeichnet dagegen etwas, das in der Zukunft abgeschlossen sein wird. Man nennt diese Zeitform »vollendete Zukunft« oder »Futur II«.

100

Das Wort »mein« ist ein Possessivpronomen. ⇨ Antwort 2
Dabei kommt »possessiv« von lateinisch *possidēre* »im Besitz haben«. Possessivpronomen sind also besitzanzeigende Pronomen.

Das Wort »aus« ist eine Präposition. ⇨ Antwort 1

101

Bei »aus« steht das darauffolgende Substantiv im Dativ, z. B. »Er kam aus dem Dorf«. Präpositionen sind nicht veränderbar.

Der standardsprachliche Plural von »das Praktikum« lautet »die Praktika«. ⇨ Antwort 2

102

In der Umgangssprache finden sich auch die Pluralformen »die Praktikums« und »die Praktikas«.

Das Adjektiv »gut« bildet den Komparativ (»besser«) und den Superlativ (»am besten«) aus einem anderen Wortstamm. ⇨ Antwort 3

103

Der sprachwissenschaftliche Fachbegriff hierfür ist »Suppletion«. Es gibt nur wenige andere Wörter, bei denen dieses Phänomen bei der Steigerung ebenfalls eintritt, z. B. das Pronominaladjektiv »viel« (»mehr – am meisten«) und das Adverb »gern« (»lieber – am liebsten«). Die Steigerungsformen von »hell« (»heller – am hellsten«) und »schön« (»schöner – am schönsten«) werden dagegen regelmäßig gebildet.

Richtig ist nur »nach einem langen Urlaub«. ⇨ Antwort 2

104

Adjektive, wie beispielsweise »lang«, können, je nachdem welches Wort davorsteht, stark (z. B. »langer Urlaub«, »ein langer Urlaub«) oder schwach (z. B. »der lange Urlaub«) flektiert werden. Die Präposition »nach« verlangt den Dativ und das Wort »Urlaub« ist maskulin, dementsprechend lautet die Form von »lang« in der starken Flexion »langem« und in der schwachen »langen«. Nach »einem« folgt das Adjektiv in der schwachen Flexion, also »langen«. Die starke Flexion würde z. B. bei »nach langem Urlaub« (ohne Artikel) in Erscheinung treten.

Die Form »Ess auf!« ist falsch. ⇨ Antwort 2

105

Die richtige Befehlsform (Imperativ) lautet hier: »Iss auf!« Starke Verben, bei denen es zwischen der 1. und der 2. Person Singular einen Wechsel von »e« zu »i« gibt (z. B. »ich esse – du isst«, »ich lese – du liest«) haben auch im Imperativ an der entsprechenden Stelle ein »i« (»iss!«, »lies!«).

106 **Richtig muss es heißen: »Die Umstellung erfolgt auf Kosten *derer,* die auch sonst immer für alles aufkommen«.** ⇨ **Antwort 3**
Der Gebrauch von »deren« in diesem Satz ist also falsch. Im Femininum Singular und im Plural gibt es für den Genitiv des Demonstrativpronomens »die« zwei Formen: »derer« und »deren«. Vor Substantiven, wie beispielsweise »Tochter« in Antwort 1, steht immer »deren«. Dagegen wird »derer« nie in Verbindung mit einem Substantiv gebraucht. Bei vorausweisender Verwendung (wie in Antwort 3 – Vorausverweis auf den Relativsatz) ist nur »derer« korrekt, bei rückverweisender Verwendung (wie in Antwort 2 – Rückverweis auf »Gründe«) kann man dagegen zwischen »deren« und »derer« wählen. (Antwort 2 zeigt übrigens das entsprechende Relativ-, nicht Demonstrativpronomen, das an dieser Stelle aber derselben Regel folgt.)

107 **Ein falscher Kasus nach »als« findet sich in dem Satz »Ihm als Verantwortlicher fiel die Entscheidung nicht leicht«.**
⇨ **Antwort 3**
Bei »als« handelt es sich hier nämlich um eine sogenannte Satzteilkonjunktion. Der Kasus des danach folgenden Substantivs richtet sich in solchen Fällen nach dem Bezugswort. In Antwort 3 ist das Bezugswort das Pronomen »ihm«. Der Satz müsste also lauten: »Ihm als Verantwortlichem fiel die Entscheidung nicht leicht.«

108 **Ein Fehler findet sich in dem Satz »Der Hund war schneller wie ich«.** ⇨ **Antwort 1**
Bei dem Vergleich zweier ungleicher Dinge muss die Präposition »als« verwendet werden. In der Umgangssprache ist der Gebrauch von »wie« und »als wie« anstelle von »als« allerdings weit verbreitet: »älter wie du«, »älter als wie du«.

Fragesätze werden auch »Interrogativsätze« genannt.

⇨ **Antwort 1**

109

Das Wort »interrogativ« kommt von lateinisch *interrogāre,* das übersetzt »fragen, befragen« heißt. Exklamativsätze sind hingegen Ausrufesätze wie »Das ist aber eine süße Katze!« und Deklarativsätze sind Aussagesätze wie »Lisa ist Sängerin«.

Das Präteritum zu »er/sie schwimmt« lautet »er/sie schwamm«.

⇨ **Antwort 3**

110

Die Veränderungen des Vokals bei den Formen des Präteritums starker Verben nennt man Ablaut. Ursprünglich folgte dessen Bildung klar erkennbaren Regeln. Mittlerweile sind diese stark verschwommen, sodass gerade Deutschlernende sie sich oft einfach merken müssen.

Die Bezeichnungen der Wochentage, Monate und Jahreszeiten sind Maskulina. ⇨ **Antwort 1**

111

Es heißt also: »der Montag, Dienstag, Mittwoch, Januar, Februar, Frühling, Sommer« usw.

Richtig ist »entgegen meinem Willen«. ⇨ **Antwort 1**

112

Bei »entgegen« ist eine Besonderheit, dass es vor oder nach dem Substantiv stehen kann und dann entsprechend eine Prä- oder Postposition ist. Wichtig ist nur, dass das Substantiv im Dativ erscheint, also: »entgegen meinem Willen« oder »meinem Willen entgegen«.

Der Genitiv »des Bruder« ist falsch. ⇨ **Antwort 2**

113

Richtig müsste es »das Buch des Bruders« heißen. Die meisten maskulinen Substantive haben das Genitiv-*s*. Ausnahmen sind beispielsweise Fremdwörter, die auf einer unbetonten Silbe mit einem *s*-Laut enden. Sie haben meist keine Genitivendung: »des Mythos«, »des Rhythmus«. (Es gibt allerdings auch seltenere Fälle wie »des Rhinozeros/Rhinozerosses« oder »des Bonus/Bonusses«.)

114 **Bei der direkten Rede wird die Äußerung einer Person wortwörtlich aus der Perspektive dieser Person wiedergegeben. Bei der indirekten Rede wird die Äußerung der Person aus der Perspektive des/der Berichtenden wiedergegeben.**
⇨ Antwort 2

Die direkte Rede wird normalerweise mit Anführungszeichen (»«) gekennzeichnet. Bei der indirekten Rede erscheint oft der Konjunktiv, um zu kennzeichnen, dass es nicht die eigene Äußerung ist, die man wiedergibt.

115 **Die Form »der Frau« kann für den Genitiv und den Dativ stehen.** ⇨ Antwort 2

Als Genitiv erscheint »der Frau« beispielsweise in dem Satz »Das Motorrad der Frau ist wirklich schnell« und als Dativ in dem Satz »Das Motorrad gehört der Frau«. Wenn die Formen unterschiedlicher Kasus zusammenfallen, also gleich sind, nennt man das in der Sprachwissenschaft auch Synkretismus.

116 **Beim Partizip handelt es sich nicht um eine Wortart.**
⇨ Antwort 3

Während Substantiv und Verb bestimmte Arten von Wörtern bezeichnen, ist das Partizip eine Form von Verben und damit keine Wortart, sondern eine Wortform.

117 **Nur in dem Satz »Der Junge ist gerannt« hat »ist« die Funktion eines Hilfsverbs.** ⇨ Antwort 2

Die Form »ist gerannt« ist das Perfekt von »rennen«. Während »gerannt« inhaltliche Informationen trägt, hat »ist« ausschließlich grammatikalische Funktion. Es hilft sozusagen, das Perfekt von »rennen« zu bilden. In den anderen beiden Sätzen handelt es sich bei »ist« um ein sogenanntes Kopulaverb. In diesen Beispielen liegt die Hauptinformation ebenfalls nicht auf »ist«, sondern darauf, was die Person ist, nämlich »Tierärztin« bzw. »verärgert«.

Das Wort »um« kann kein Artikel sein. ⇨ **Antwort 3**

Artikel sind Begleiter für ein Substantiv, z. B. »der«, »die« oder »ein«. Als Konjunktion tritt »um« dagegen auf, z. B. in »Sie ging in die Stadt, um einzukaufen«. Eine Präposition ist »um« beispielsweise in »Es ging um die Tiere im Wald«.

118

Der Fehler findet sich in dem Satz »Der Hund legte sich auf dem Rasen«. ⇨ **Antwort 2**

Wenn die Präposition »auf« eine Richtung (»Wohin?«) und keinen Ort (»Wo?«) angibt, dann folgt darauf nicht der Dativ, sondern der Akkusativ. Dementsprechend muss es »auf den Rasen« heißen.

119

Wörter wie »he«, »pst« und »aua« werden Interjektionen genannt. ⇨ **Antwort 3**

Das Wort »Interjektion« kommt von lateinisch *intericere* »dazwischenwerfen, einfügen«. Gemeint sind also Wörter, die in den Redefluss eingefügt werden. Es handelt sich um Lautgebilde, mit denen Empfindungen und Aufforderungen ausgedrückt, Laute nachgeahmt oder ganz allgemein Äußerungen mit besonderem Nachdruck versehen werden. Bei »eins, zwei, drei« dagegen handelt es sich um Numeralia (Zahlwörter), bei »morgens, mittags, abends« um Adverbien.

120

Spiel 5

Die besondere Ausstrahlungskraft eines Menschen nennt man Charisma. ⇨ **Antwort 1**

Das Wort kommt aus dem Altgriechischen, wo der Anfangsbuchstabe »ch« je nach Dialekt und Zeitpunkt entweder als »k« oder als »ch« ausgesprochen wurde. Deshalb finden sich bei diesem Wort auch im Deutschen beide Aussprachen (häufiger die mit »k«), wenngleich es immer mit »ch« geschrieben wird. Das Wort »Charisma« bedeutete ursprünglich »Gnadengabe«.

121

122 Mit »Fishing for Compliments« ist gemeint, dass eine Person durch eine zurückhaltende Selbstdarstellung erreichen will, von anderen gelobt zu werden. ⇨ **Antwort 3**

Wörtlich heißt »Fishing for Compliments«, nach Lob zu angeln; der Köder ist die übertriebene Bescheidenheit.

123 Das Wort *brutto* ist italienisch für »unrein, roh«. ⇨ **Antwort 1**

Es stammt von lateinisch *brūtus* »schwerfällig, stumpf, unrein«. Zunächst bezeichnete »brutto« das nicht bereinigte Gesamtgewicht einer Ware, also mit Verpackung, während »netto« das Gewicht der reinen Ware meinte, die Verpackung also herausgerechnet (italienisch *peso netto* »reines Gewicht«). Später wurde der Gegensatz »brutto/netto« dann auf andere Zusammenhänge übertragen. Der Bruttolohn ist demnach der Lohn ohne Abzüge von Steuern und anderen Abgaben, der »unreine« Lohn, der Nettolohn der von Steuern und anderen Abgaben »bereinigte« Lohn.

124 Das Wort »Schokolade« kommt ursprünglich aus dem Aztekischen. ⇨ **Antwort 2**

Es geht auf aztekisch *chokolatl* zurück, das die Frucht des Kakaobaums bzw. das Getränk, das daraus gefertigt wurde, bezeichnete.

125 Das Fremdwort für »etwas Erwünschtes« schreibt sich richtig »Desiderat«. ⇨ **Antwort 1**

Es ist von lateinisch *dēsīderāre* »wünschen, begehren« abgeleitet. Gebraucht wird das Substantiv bildungssprachlich beispielsweise, wenn beschrieben wird, was bislang fehlt: So sind Forschungsdesiderate Fragestellungen, die von der Forschung noch beantwortet werden müssen.

126 Das Adjektiv »legal« bedeutet »gesetzmäßig«, »legitim« dagegen »rechtmäßig, berechtigt«. ⇨ **Antwort 2**

Sowohl »legal« als auch »legitim« gehören zu lateinisch *lēx* »Gesetz«; zugrunde liegen ihnen lateinisch *lēgālis* bzw. *lēgitimus*.

Ursprünglich stammt »Kung-Fu« aus China, die Bezeichnung ist also chinesisch. ⇨ Antwort 1

127

Der Wortbestandteil »-iatrie« bedeutet »Heilkunde«.
⇨ Antwort 2

128

»Psychiatrie« beschreibt also die Heilkunde der Seele, »Geriatrie« die Altersheilkunde und »Pädiatrie« die Kinderheilkunde. Der Bestandteil »-iatrie« kommt aus altgriechisch *iatría* »Heilkunde« und hat diese Kernbedeutung in den deutschen Wörtern beibehalten.

Das aus dem Französischen übernommene Wort »Tristesse« bedeutet »Schwermut, Traurigkeit, Trübsinn«. ⇨ Antwort 2

129

Noch häufiger ist im Deutschen das dazugehörige Adjektiv »trist«.

Das aus dem Lateinischen übernommene Wort »extra« bedeutet ursprünglich »über ... hinaus, außerhalb«.
⇨ Antwort 1

130

Wird einem Wort im Deutschen »extra-« vorangestellt, so kennzeichnet das etwas Besonderes, weil es außerhalb des Normalen liegt (z. B. »extrafein«, »Extrawurst«). In der engen Bedeutung »außerhalb« kommt es außerdem in Wörtern wie »extralingual« (»außersprachlich«) und »extrazellulär« (»außerhalb der Zelle«) vor.

Das Kopieren *(copy)* von Inhalten und Einfügen *(paste)* in einen Text nennt man »Copy-and-paste«. ⇨ Antwort 1

131

Es ist besonders mit der zunehmenden Verfügbarkeit von digitalisierten Texten beim eigenen Schreiben beliebt geworden, denn so lässt sich die Zeit sparen, einen Text selbst abzutippen oder zu formulieren. Fehlt die Kennzeichnung als Zitat und die Angabe der Quelle, handelt es sich um ein Plagiat.

132 **Der aus dem Altgriechischen übernommene Wortbestandteil »Auto-« bedeutet »selbst, persönlich«.** ⇨ Antwort 1

Die Liste an so gebildeten Wörtern ist lang. Auch die Bezeichnung »Automobil«, verkürzt zu »Auto«, geht übrigens auf griechisch *autós* (und lateinisch *mobilis* »beweglich«) zurück, bedeutet also wörtlich »Selbstbeweger«. Sie wurde aus gleichbedeutend französisch *automobile* ins Deutsche übernommen.

133 **Das Wort »ayurvedisch« kommt aus dem Indischen, um genauer zu sein aus dem Sanskrit.** ⇨ Antwort 2

Der Ayurveda ist dabei die Sammlung der wichtigsten Lehrbücher der altindischen Medizin.

134 **Mit dem Ausdruck »fatale Folgen« bezeichnet man schlimme Folgen.** ⇨ Antwort 3

Das Adjektiv »fatal« ist von lateinisch *fātum* »Schicksal« abgeleitet und bedeutet »verhängnisvoll, schlimm«. Während lateinisch *fātum* sowohl das gute als auch das schlimme Schicksal bezeichnete, hat sich bei »fatal« die negative Bedeutung durchgesetzt.

135 **Bei Carjacking handelt es sich um einen unter Androhung von Gewalt durchgeführten Autoraub.** ⇨ Antwort 2

Gebildet ist das Wort auf Basis des gleichfalls aus dem Englischen ins Deutsche entlehnten »Hijacking« (»Flugzeugentführung«).

136 **Das Wort »Joghurt« ist aus gleichbedeutend türkisch *yoğurt* »gegorene Milch« entlehnt worden.** ⇨ Antwort 3

Dem Ursprungswort liegt türkisch *yoğun* »dicht, kompakt, dickflüssig, steif« zugrunde. Im Türkischen wird es in etwa »Johwurt« ausgesprochen.

137 **Als »High Potentials« werden vor allem fachlich besonders qualifizierte Nachwuchskräfte bezeichnet.** ⇨ Antwort 3

Mit dem Ausruf »oremus« möchte der Priester, dass alle mit ihm beten. ⇨ Antwort 1

138

Wörtlich aus dem Lateinischen übersetzt heißt »oremus«: »Lasst uns beten.«

Eine Idee zu pitchen, heißt, sie kurz und knackig vorzustellen. ⇨ Antwort 1

139

Das Wort »pitchen« kommt aus dem Englischen bzw. aus der englischen Werbesprache. Ursprünglich bezeichnete dieses Wort die Präsentation (eines Entwurfs oder Projekts), mit der sich z. B. eine Agentur um einen Auftrag bewirbt oder ein Unternehmen Kapital einwerben will. Mittlerweile wird dieser Ausdruck für jede Art von kurzer und knackiger Ideenpräsentation gebraucht.

Das Wort »Malaise« bezeichnet eine ungünstige, unbefriedigende Situation oder ein Unbehagen. ⇨ Antwort 3

140

Es ist aus dem Französischen entlehnt. Dort ist es zusammengezogen aus *(être) mal à l'aise* »missgestimmt (sein)«.

Falsch ist der Satz »Das ist mit seinen moralischen und ethnischen Werten nicht vereinbar«. ⇨ Antwort 2

141

Das Adjektiv »ethnisch« bedeutet »zu einer Kultur- oder Volksgemeinschaft gehörend«. Gemeint ist in diesem Satz aber das ähnliche klingende »ethisch«, das »nach moralischen Prinzipien« bedeutet. Demnach müsste es hier »mit … ethischen Werten« heißen. Das Wort »ethisch« kommt von altgriechisch *éthos* »Sitte, Charakter«, während »ethnisch« aus altgriechisch *ethnikós* »zu einem (fremden) Volk gehörig« entlehnt ist.

Der erste Bestandteil »Hämo-« bedeutet »Blut«. ⇨ Antwort 1

142

Er geht auf altgriechisch *haîma* »Blut« zurück. Hämoglobin ist der Farbstoff der roten Blutkörperchen, Hämophilie bezeichnet die Bluterkrankheit und Hämodialyse die Blutwäsche.

143 **Wenn ein Politiker seine Rede mit einer Captatio Benevolentiae beginnt, dann wirbt er durch seine Wortwahl um die Gunst des Publikums.** ⇨ Antwort 2

Die Captatio Benevolentiae ist ein Stilmittel, das bereits Cicero bewusst bei seinen Reden im antiken Rom einsetzte. »Captatio Benevolentiae« kann wörtlich mit »Einfangen des Wohlwollens« übersetzt werden. Es handelt sich beispielsweise um schmeichelhafte Worte.

144 **Bei »Radscha« handelt es sich um einen indischen Fürstentitel.** ⇨ Antwort 3

Bekannt ist er auch als Bestandteil von »Maharadscha«, dem Titel eines indischen Großfürsten (indisch *mahā-* heißt »groß«, *rāja-* »König«).

145 **Wenn etwas nicht für Krethi und Plethi gedacht ist, dann ist es nicht für jedermann.** ⇨ Antwort 2

Diese abwertende Bezeichnung findet sich in der Form »Crethi und Plethi« in Luthers Bibelübersetzung. Dort ist die Söldnertruppe des biblischen Königs David gemeint, die aus Kretern und Philistern bestand. Zu Luthers Zeiten bedeutete die Wendung bereits allgemein eine »gemischte Gesellschaft«, heute sind damit (alle möglichen) Menschen gemeint, die man nicht besonders schätzt.

146 **Das Wort »Harissa« stammt aus dem Arabischen.** ⇨ Antwort 1

Harissa ist eine scharf gewürzte Soße aus Chili, Koriander, Kümmel, Paprika und anderen Zutaten. Ihren Ursprung hat sie im Norden Afrikas und ist heute aus der interkulturellen Küche nicht mehr wegzudenken.

147 **Beim »Jobsharing« teilt man sich ein und dieselbe Stelle im Betrieb.** ⇨ Antwort 2

In großen Firmen wird das Jobsharing immer beliebter. Dabei teilen sich zwei oder mehr Personen eine Stelle und arbeiten als Team zusammen. Prinzipiell sind dabei alle Zeitaufteilungen möglich.

Spiel 6

Das Wort »adagio« wird »adadscho« ausgesprochen.
⇨ **Antwort 1**

148

Das Wort bezeichnet in der Musik ein langsames Tempo: Dabei
kann ein Stück als Ganzes oder nur in einer oder mehreren einzelnen Passagen in adagio geschrieben sein. Als Faustregel kann man
sich für italienische Wörter merken, dass ein »g«, das vor einem
»i« oder »e« steht, immer als »dsch« gesprochen wird.

**Der Plural von »das Knie« wird »die Knie« geschrieben und
kann zweisilbig (»kni-e«) oder einsilbig (»knie«) gesprochen
werden.** ⇨ **Antwort 3**

149

**Das Adjektiv »vollkommen« weist je nach Betonung eine
unterschiedliche Bedeutung auf.** ⇨ **Antwort 1**

150

Das Adjektiv »vollkommen« wird in der Bedeutung »ohne Fehler«
auf der zweiten Silbe betont: »Ihr Spätwerk wird als vollkómmen
angesehen.« In der Bedeutung »völlig« hingegen wird es auf der
ersten Silbe betont: »Das halte ich für vóllkommen unmöglich.«

Das Verb »lizenzieren« wird »litsentsieren« gesprochen.
⇨ **Antwort 1**

151

Durch die zwei »z« ist das Wort nicht ganz einfach zu artikulieren.
Gleichzeitig erinnert der hintere Teil von »lizenzieren« an Verben
wie »kondensieren« und »rationalisieren«, sodass das schwer
artikulierbare »-zieren« lautlich oft an »-sieren« angeglichen wird,
wir also häufig die Aussprache »litsensieren« hören. Diese wiederum kann zur falschen Schreibung »lizensieren« führen.

**Das Adjektiv »uni, unifarben« wird »üni, ünifarben« ge-
sprochen.** ⇨ **Antwort 1**

152

Gebräuchlich ist das Adjektiv »uni« unter anderem für Textilien
und Tapeten. Es kann nicht dekliniert werden, richtig muss es also

heißen: »uni Stoffe«, »Stoffe in uni Blau«, »Stoffe in Uni«. Häufiger aber tritt es in der Form »unifarben« auf.

153 **Wenn das Substantiv »Orange« gemeint ist, wird das »e« am Wortende immer gesprochen; beim Adjektiv »orange« nur, wenn es vor einem Substantiv steht.** ⇨ **Antwort 3**
Die Bezeichnung für die Frucht wird also immer »Orangsche« ge-sprochen. Beim Farbadjektiv »orange« gibt es dagegen einen Unter-schied zwischen der sogenannten prädikativen Position (in Ver-bindung mit Verben wie »sein«, z. B. »das Buch ist ›orangsch‹«) und der attributiven Position (vor einem Substantiv, z. B. »das ›orang-sche‹ Buch gefällt mir«). Das Wort wird auch oft – in Anlehnung an das Französische – mit einem nasalen »a« ausgesprochen: »orāsch(e)«. Als umgangssprachlich gilt übrigens die Form »ein orangenes Hemd«.

154 **Das Öl wird »Ilang-Ilang-Öl« ausgesprochen.** ⇨ **Antwort 1**
Auch die Schreibweise »Ilang-Ilang-Öl« ist übrigens zulässig. Es wird aus den Blüten des Ylang-Ylang-Baumes hergestellt, der ursprüng-lich auf den Philippinen und in Indonesien beheimatet war, heute aber auch in anderen Ländern angebaut wird.

155 **»Salat« und »Spinat« werden beide hinten betont.** ⇨ **Antwort 2**
Beide Wörter sind nicht deutscher Herkunft: »Salat« ist aus einer älteren Mundartform *salata* von italienisch *insalata* »eingesalzene, gewürzte Speise, Salat« und Spinat aus dem arabischen *isbānah* »Spinat« entlehnt. Aufgrund ihres nicht deutschen Ursprungs wer-den sie entgegen den deutschen Ausspracheregeln hinten betont.

156 **Die traditionelle Aussprache lautet »Jefer«, man hört ins-besondere bei Ortsfremden wegen der Biermarke aber auch »Jewer«.** ⇨ **Antwort 2**
Genau wie in »Bremerhaven« oder »Havel« wird im Ortsnamen »Jever« das »v« traditionell wie »f« gesprochen. Das in Jever

gebraute Bier »Jever« müsste also statt »Jewer« auch »Jefer« gesprochen werden. Dennoch hat sich das Unternehmen für die Aussprache mit »w« entschieden, weil die Biermarke außerhalb Ostrieslands weithin so ausgesprochen wird und wurde. Das führt dazu, dass die meisten Ortsfremden auch den Ort mit »w« sprechen.

Das nur in dieser Wendung noch gebrauchte Wort »Schlafittchen« wird »Schlafittchen« gesprochen. ➪ Antwort 2

157

Umgangssprachlich ist die Aussprache »Schlawittchen« jedoch weitverbreitet und spiegelt sich oft auch in einer falschen Schreibung wider. Der Ursprung der Wendung liegt übrigens in der frühneuhochdeutschen Zusammensetzung »Schla[g]fittich«, mit der eigentlich die Schwungfedern von Enten- und Gänseflügeln bezeichnet werden.

Der Hügel »Esquilin« wird »Eskwilin« ausgesprochen. ➪ Antwort 1

158

Auf diesem Hügel lebten im antiken Rom zahlreiche heute noch bekannte Dichter, darunter Vergil und Horaz.

Das heimische Wort »Stiel« wird immer »sch-tiel« gesprochen, das Fremdwort »Stil« darf daneben auch »s-tiel« gesprochen werden. ➪ Antwort 3

159

Das gilt auch für Ableitungen und Zusammensetzungen von »Stil« wie »Baustil« oder »stilisieren«.

Die Aussprache von »Chia-Samen« ist »Tschia-Samen«. ➪ Antwort 3

160

Die Chia wird vor allem in Südamerika angebaut und ist besonders für ihren hohen Eiweiß- und Ballaststoffgehalt bekannt. Das Wort »Chia« stammt zwar aus dem Aztekischen, wurde aber der spanischen Aussprache angepasst. Da im Spanischen »ch« wie »tsch« gesprochen wird, heißt es »Tschia-Samen«.

161 **In der Form »er/sie/es braucht« wird »braucht« in der spontanen Sprache, besonders in Mittel- und Norddeutschland, häufig nur »brauch« gesprochen.** ⇨ **Antwort 2**

Dabei handelt es sich um eine Analogiebildung zu den sogenannten Modalverben, die in der 3. Person Singular ganz regulär kein »-t« haben: »er/sie/es kann, mag, muss«. Der Grund dafür ist darin zu sehen, dass »brauchen« oft eine ähnliche Funktion erfüllt wie Modalverben.

162 **In der Schweiz ist für das »ch« in Wörtern wie »Chor« und »Chlor« auch die Aussprache wie in »Buch« gebräuchlich.** ⇨ **Antwort 2**

Die Aussprache »k« gilt als die gehobenere, »ch« als die informellere Variante. In Deutschland und Österreich dagegen spricht man standardsprachlich nur »Kor« und »Klor«.

163 **Die Kartoffelspeise »Gnocchi« wird »Njocki« gesprochen.** ⇨ **Antwort 3**

Im Italienischen wird die Lautkombination »gn« immer »nj« und »cch« immer »k« artikuliert. Das Grundrezept für Gnocchi beinhaltet Kartoffeln, Mehl, Ei und Salz. Es gibt übrigens ein sehr ähnliches Gericht im deutschsprachigen Raum, das auch einen verwandten Namen hat: die Nocken oder Nockerln.

164 **Zu den Aussprachemöglichkeiten des Pflanzennamens »Forsythie« gehört »Forsützje«.** ⇨ **Antwort 2**

Daneben ist auch die Aussprache »Forsietzje« zulässig. Möglich sind auch die Aussprachen »Forsütje« und »Forsietje«. Der Name ist übrigens von dem englischen Botaniker Forsyth abgeleitet.

165 **Die Aussprache »Mag-net« gilt als standardsprachlich.** ⇨ **Antwort 1**

In der Umgangssprache ist aber auch die Aussprache »Mang-net« verbreitet.

166

In den Medien wird das nordafrikanische Land Libyen heute am häufigsten »Libjen« ausgesprochen. ⇨ (Antwort 1)
Diese Aussprache kommt dem arabischen Namen des Landes, nämlich »Lībiyā«, am nächsten. »Libüen« als Aussprache ist zwar korrekt und liegt aufgrund der Schreibweise des Wortes nah, kommt aber nur selten vor. Grund dafür ist, dass ein »ü« für uns schwer auszusprechen ist, wenn es in einer nicht betonten Silbe steht. Im Alltag hört man oft »Lübjen«, wobei das »y« vermutlich aufgrund einer Parallelisierung mit dem Ländernamen »Syrien« nach vorn gezogen wird.

167

Die »Béchamelsoße« wird »Beschamelsoße« ausgesprochen. ⇨ (Antwort 3)
Die genaue Entstehungsgeschichte des Rezepts ist unklar, möglicherweise geht der Name auf Louis de Béchamel zurück, den Haushofmeister Ludwigs XIV. In jedem Fall liegt die sprachliche Heimat des Wortes eindeutig im Französischen, und im Französischen steht die Buchstabenkombination »ch« für »sch«.

168

Nur in Österreich ist »Kücken« als korrekte Schreibweise amtlich anerkannt; die Schreibung basiert auf einer regional- und umgangssprachlichen Aussprache mit kurzem »ü«. ⇨ (Antwort 1)
Die überall korrekte Schreibung »Küken« entspricht dagegen der Aussprache mit langem »ü« in der Standardlautung.

169

Auch im Plural (»die Nerven«) wird das »v« als »f« ausgesprochen. ⇨ (Antwort 1)

170

Der Name Dijkstra wird »Dejkstra« gesprochen. ⇨ (Antwort 1)
In Deutschland ist er besonders in den an die Niederlande angrenzenden Bundesländern Niedersachsen und Nordrhein-Westfalen anzutreffen.

171 **Das mediterrane Gewürz Oregano wird im Deutschen auf dem »e« betont.** ⇨ Antwort 2

Dabei wird das »e« manchmal kurz und manchmal lang gesprochen. Auch im Italienischen *(origano)* ist das Wort auf der zweiten Silbe betont. Die Variante »Origano« ist im Deutschen übrigens auch zulässig.

172 **Die Mehrzahl von »Stadt«, nämlich »Städte«, kann mit langem oder kurzem »ä« ausgesprochen werden.** ⇨ Antwort 3

Traditionell wurde eine lange Aussprache festgelegt – wohl um den Ausspracheunterschied zu »Stätte« zu verdeutlichen. Damit ist »Stadt« das einzige Wort im Deutschen, für das es einen solchen Unterschied zwischen Einzahl und Mehrzahl geben kann. Ein Parallelfall ist nur noch »Rad«, das in einigen deutschen Regionen im Singular mit kurzem »a« gesprochen wird.

173 **Die schwedische Stadt Göteborg wird auf Schwedisch richtig »Jöteborj« artikuliert.** ⇨ Antwort 1

Im Schwedischen wird ein »g« vor »e«, »i«, »y«, »ä« und »ö« und nach »r« und »l« immer wie »j« gesprochen.

174 **Die Herkunft des Wortes »Lithium« spiegelt sich am besten in der Aussprache »Litium« wider.** ⇨ Antwort 2

Der Name ist von altgriechisch *líthos* »Stein« abgeleitet, dessen »th« wie ein deutsches »t« gesprochen wird. Die Benennung rührt daher, dass das Element zuerst in Mineralien entdeckt wurde. Die Aussprache »Litsium« ist hingegen an lautlich parallel strukturierte Wörter wie »Kalzium«, »Latium« oder »Pentium« angeglichen.

Spiel 7

175 **Das Wort »Keks« stammt aus dem Englischen.** ⇨ Antwort 1

»Keks« ist im 19. Jahrhundert aus englisch *cakes* »Kuchen« (Plural) entlehnt. Im Laufe der Zeit wurde es, wie viele andere Lehnwörter auch, der deutschen Schreibung angepasst. 1915 stand es in der heutigen Schreibung erstmals im Duden, damals lautete der Eintrag allerdings noch »Kek«. In einer Fußnote wurde darauf hingewiesen, dass »Kek« Singular sei und der Plural »Keks« laute. Seit 1934 steht »Keks« als eigener Eintrag im Singular im Duden, und zwar mit dem neuen Plural »Kekse«, der sich im Deutschen herausgebildet hat.

Der Herrschertitel »Sultan« stammt aus dem Arabischen.
⇨ **Antwort 2**

176

Das Wort ist seit dem 16. Jahrhundert im Deutschen belegt. In der arabischen Welt wird es seit dem 10. Jahrhundert als Herrschertitel gebraucht.

Das englische Wort *bug* bedeutet eigentlich »Käfer, Wanze, Insekt«. ⇨ **Antwort 1**

177

Die englische Bezeichnung *bug* in der Bedeutung »Defekt, Fehlfunktion« ist bereits im 19. Jahrhundert belegt, und zwar im Jargon US-amerikanischer Ingenieure. In den 1940er-Jahren wurde sie dann auf Softwarefehler übertragen. Zugrunde liegt ihr die scherzhafte Annahme, dass ein kleines Insekt in (den damals noch geräumigen) Rechnern zu Fehlern in der Schaltung der für Computerprogramme notwendigen Einsen und Nullen führen kann. Die Bezeichnung wurde ins Deutsche übernommen.

Die Wendung »gerädert sein« geht auf die mittelalterliche Foltermethode des Räderns zurück. ⇨ **Antwort 3**

178

Bei dieser Foltermethode wurden die zum Tode Verurteilten auf einem Rad hingerichtet.

Das Wort »dalli« ist aus dem Polnischen entlehnt. ⇨ **Antwort 3**

179

Im 19. Jahrhundert verbreitete sich das Wort vor allem von Berlin aus. Das polnische Wort ist der Komparativ von *daleko* (»weit«), bedeutet also »weiter«. Entlehnungen aus den slawischen Sprachen sind durch die räumliche Nähe im Berlinerischen, aber auch in anderen ostdeutschen Dialekten keine Seltenheit. Die ZDF-Fernsehshow von Hans Rosenthal hat die Wendung aufgegriffen.

180 **Die Wendung »bis in die Puppen wach sein« bezieht sich auf Statuen im Berliner Tiergarten.** ⇨ Antwort 1

Der als »Großer Stern« bekannte Kreisverkehr im Berliner Tiergarten wurde im 18. Jahrhundert mit mythologischen Figuren geschmückt, die im Volksmund »Puppen« genannt wurden. Vom Stadtkern aus galt die Strecke bis zum Großen Stern als sehr weit. Diese räumliche Distanz wurde dann später auf die lange Zeit übertragen, weshalb »bis in die Puppen« eine sehr lange Dauer bezeichnet.

181 **Das Wort stammt aus dem Italienischen.** ⇨ Antwort 2

Im 15. Jahrhundert wurde »dito« (»desgleichen, ebenso«) aus dem italienischen dialektalen Wort *ditto* übernommen, das ursprünglich »das Gesagte« bedeutete.

182 **Das Wort »Apfelsine« bedeutet eigentlich »Apfel von China«, denn Apfelsinen wurden um 1500 von den Portugiesen aus Südchina eingeführt.** ⇨ Antwort 1

Dass *sine/-a* »China« meint, kann man auch daran erkennen, dass die Wissenschaft, die sich mit der chinesischen Kultur und Sprache beschäftigt, noch immer »Sinologie« heißt. Das heutige niederländische Wort hat die beiden Wortteile vertauscht: *sinaasappel*.

183 **Konfekt war im 15. Jahrhundert zunächst in Apotheken erhältlich.** ⇨ Antwort 1

Das Wort »Konfekt« ist aus mittellateinisch *confectum* »Zubereitetes« entlehnt und war zunächst in der Apothekersprache für alle Arten von gezuckerten, eingelegten Früchten in Gebrauch. Diese wurden damals nämlich für Heilzwecke verwendet.

Das Wort »Lasso« stammt aus dem Spanischen. ⇨ Antwort 1 184

Es ist im 18. Jahrhundert über Reiseschilderungen und Erzählungen über indigene Stämme in Amerika ins Deutsche gekommen. Entlehnt ist es aus spanisch *lazo* »Schnur, Schlinge«. Dabei spiegelt die Schreibung mit »ss« die scharfe Aussprache des spanischen »z« wider.

»Pfalz« bezeichnete ursprünglich den wechselnden Herrschaftssitz deutscher Kaiser und Könige im Mittelalter. 185
⇨ Antwort 2

Das Wort geht auf althochdeutsch *phalanza* zurück, das seinerseits aus mittellateinisch *palantia* »fürstliche Wohnung, Hof, Palast« entlehnt ist. Gemeint waren also die Wohn- und Amtsgebäude des Kaisers oder Königs, in denen als Vertreter ein Pfalzgraf seinen Sitz haben konnte. Später ging das Wort auf das Land über, das dem Pfalzgrafen zum Lehen gegeben worden war.

Das Wort »Berserker« entstammt der nordgermanischen Mythologie. ⇨ Antwort 1 186

Genauer gesagt ist es im 18. Jahrhundert aus dem Altisländischen übernommen: Altisländisch *berserkr* ist vermutlich zusammengesetzt aus *ber* »Bär« und *serkr* »Fell«. Ausgehend von »Bärenfell« hat sich schon im Altisländischen die Bedeutung zu »Krieger im Bärenfell« weiterentwickelt.

Ursprünglich bezeichnete das Wort »Bagage« das Gepäck eines Soldaten. ⇨ Antwort 1 187

Es ist bereits seit dem 16. Jahrhundert belegt. Aus der Verwendung für »Gepäck, das im Tross mitgeführt wird« und auch den Tross selbst entwickelte sich der metaphorische Gebrauch für »Gesindel«. Der Bedeutungswandel erklärt sich daraus, dass die Trossmannschaft im Verhältnis zur kämpfenden Mannschaft als minderwertig galt. Eine ganz ähnliche Bedeutungsentwicklung finden wir übrigens bei »Pack«.

188 **Das Wort »erpicht« steht mit »Pech« in Verbindung.**

⇨ **Antwort 3**

Bei »erpicht« handelt es sich um eine Ableitung zu dem Substantiv »Pech«, die ursprünglich »mit Pech festgeklebt sein« bedeutete. Die Wendung nimmt damit Bezug auf die Pechruten, die früher beim Vogelfang eingesetzt wurden. Wenn man auf etwas erpicht ist, klebt man also an etwas fest wie ein Vogel an einer Pechrute. Die Wendung ist erstmals im 16. Jahrhundert belegt.

189 **Der Gesetzgeber Drakon kam aus Athen.** ⇨ **Antwort 3**

In den 620er-Jahren v. Chr. kodifizierte er diese Gesetze, die schon in der Antike für ihre Grausamkeit bekannt waren. Das Adjektiv »drakonisch« ist im 18. Jahrhundert zuerst bezeugt und wahrscheinlich unter dem Einfluss von französisch *draconique* gebildet. Heute ist beispielsweise von »drakonischen Maßnahmen« oder »drakonischen Strafen« die Rede, womit die besondere Härte dieser Maßnahmen oder Strafen herausgestellt wird.

190 **Das Wort »Imbiss« hat seinen Ursprung im Deutschen.**

⇨ **Antwort 1**

Es setzt das althochdeutsche Verb *enbīzan* »essend oder trinkend genießen« fort.

191 **Das Adjektiv »putzig« ist von »Butze« (»Kobold«) abgeleitet.**

⇨ **Antwort 3**

Ursprünglich beschreibt »putzig« also etwas Koboldhaftes oder Drolliges. Das Schwanken zwischen »p« und »b« lässt sich durch die sogenannte zweite Lautverschiebung erklären, bei der einzelne Konsonanten zu anderen Lauten verschoben wurden. Diese Verschiebungen waren dialektal unterschiedlich, woraus sich erklärt, dass »putzig« und »Butze« mit verschiedenen Lauten beginnen.

Das Wort »Idyll« bezeichnete ursprünglich eine bestimmte Art von Gedichten. ⇨ Antwort 3

192

Es ist aus dem lateinischen *īdyllium* »kleines (Hirten-)Gedicht« entlehnt, das seinerseits aus altgriechisch *eidýllion* in derselben Bedeutung übernommen ist. Die Beschreibung der ländlichen Lebensweise eines Hirten in diesen Gedichten führte schließlich zu der Übertragung der Bedeutung auf das Bild eines einfachen Lebens in Zufriedenheit im Allgemeinen.

»Tacheles« stammt aus dem Jiddischen. ⇨ Antwort 2

193

Das Wort setzt jiddisch *tachles* »Zweck, zweckmäßiges Handeln« fort. »Tacheles reden« bedeutete also ursprünglich »Zweckmäßiges reden, zur Sache kommen«. Heute wird es gebraucht, um auszudrücken, dass jemand unverblümt, ohne falsche Rücksichtnahme seine Meinung sagt, die Sachlage ganz offen darstellt.

Seeleute und nicht die Schweizer haben das Wort »groggy« erfunden. ⇨ Antwort 1

194

Eigentlich bedeutete englisch *groggy* »vom Grog betrunken«, hatte aber schon bei seiner Übernahme ins Deutsche im 20. Jahrhundert die allgemeinere Bedeutung »angeschlagen, benommen«. Auch in der Boxersprache wird es verwendet. Wie englisch *grog* gehörte auch *groggy* ursprünglich der Sprache der Seeleute an.

»Elf« ist mit dem Wort »Albtraum« verwandt. ⇨ Antwort 3

195

»Elf« ist zunächst im 18. Jahrhundert aus englisch *elf* entlehnt, womit die unterirdischen Naturgeister bezeichnet wurden. Diese unterirdischen Naturgeister wurden aber von der christlichen Kirche mit dem Teufel in Verbindung gebracht, weshalb bereits die etymologische Entsprechung zu englisch »elf«, nämlich althochdeutsch *alb/alp,* die Bedeutung »Nachtgespenst« hat. Deshalb heißt ein gruseliger Traum auch Albtraum.

196 **Das Wort »Bemme« ist aus dem Sorbischen entlehnt.**
⇨ Antwort 2
Das Sorbische wird heute noch in Teilen der Lausitz gesprochen.
Es gehört wie auch das Polnische zu den westslawischen Sprachen.
Ganz konkret ist »Bemme« aus sorbisch *pomazka* »Butterschnitte«
entlehnt.

197 **Bei »ollen Kamellen« handelt es sich eigentlich um alte**
Kamillenblüten. ⇨ Antwort 1
Dabei ist *Kamelle* die niederdeutsche Entsprechung zu »Kamille«.
Alte Kamille ist also eine zu lang gelagerte Kamille, die so ihre Wir-
kung verloren hat.

198 **Der Bezeichnung »Muckefuck« liegt sicher kein Schimpfwort**
zugrunde. ⇨ Antwort 2
Die Verbindung *Mucken fuck* »faule, zerfallende Erde« ist seit dem
19. Jahrhundert bezeugt, zuerst im rheinisch-westfälischen Raum.
Im Grunde wird der schlechte Kaffee so mit fauligem Dreck ver-
glichen. Wahrscheinlich gab es bei dieser Bildung aber doch einen
Einfluss von französisch *mocca faux* (»Mokka falsch«), denn die
Wortstellung – erst das Substantiv, dann das Adjektiv – ist für das
Deutsche auffällig.

199 **Das Rezept für den Senf wurde im frühen Mittelalter von den**
Römern übernommen. ⇨ Antwort 1
Gleichzeitig haben die Germanen auch das lateinische Wort ent-
lehnt: Althochdeutsch *senef* »Senf« geht auf lateinisch *sināpi* zu-
rück, das über griechische Vermittlung wahrscheinlich ägyptischen
Ursprungs ist.

200 **Die Wendung »die Leviten lesen« geht auf das 3. Buch Mose in**
der Bibel zurück, den sogenannten Levitikus. ⇨ Antwort 1
Vom Lesen der Leviten ist schon im Mittelalter bei den Mönchen
die Rede: Zur Buße, aber auch zur Andacht wurden dort Kapitel aus

dem Levitikus gelesen. Denn dieser beinhaltet Verhaltensregeln für Priester (sogenannte Leviten). Heute bedeutet die umgangssprachliche Wendung »jemandem (ernste) Vorhaltungen machen«.

»Genie« kommt aus dem Französischen. ⇨ Antwort 1

201

Im 17. Jahrhundert wurde das Wort aus französisch *génie* entlehnt, das auf spätlateinisch *genius* »Schutzgeist«, aber auch »schöpferischer Geist, natürliche Begabung« zurückgeht. Heute wird es insbesondere für einen hervorragend begabten, schöpferischen Menschen verwendet (»sie ist ein Genie«), aber auch für seine Begabung selbst (»ihr Genie wurde früh erkannt«).

Spiel 8

Kein Synonym für »sehr« ist »respektlos«. ⇨ Antwort 3

202

Es ist ein interessantes Phänomen, dass umgangssprachlich viele Wörter, die eigentlich eine negative Bedeutung haben, zur Intensivierung (auch positiver Wörter!) herangezogen werden können: »Der Kuchen ist unverschämt lecker.« »Er war furchtbar aufgeregt.«

Einen Charmeur kann man auch als »Don Juan« bezeichnen. ⇨ Antwort 2

203

Vielfach in der Literatur und Musik rezipiert gilt »Don Juan« bzw. seine italienische Entsprechung »Don Giovanni« als *das* Beispiel für einen Charmeur in der europäischen Kultur. Die mit Abstand bekannteste Rezeption dieses Stoffes ist Mozarts Oper »Don Giovanni«. Dennoch ist es nur die spanische Version des Namens, die im Deutschen als Synonym für den Verführer gebraucht wird.

In dem Satz »Der Stein war ziemlich schwer« kann »schwer« nicht durch »schwierig« ersetzt werden. ⇨ Antwort 2

204

Denn »schwierig« ist nur in der Bedeutung »nicht leicht zu

bewältigen« ein Synonym von »schwer«. In dem oben genannten Satz ist aber das Gewicht gemeint.

205 **Das Wort »schaffig« ist kein dialektales Synonym von »pfiffig«.**
⇨ Antwort 2
Während »plietsch« ein norddeutsches und »knitz« ein süd-deutsches Pendant zum standardsprachlichen »pfiffig« ist, handelt es sich bei »schaffig« um ein süddeutsches und schweizerisch mundartliches Synonym für »eifrig«.

206 **Ein Synonym zu »kurzzeitig« ist »temporär«.** ⇨ Antwort 1
Das Wort »temporal« hat zwar auch etwas mit Zeit zu tun, meint aber nur »zeitlich« im Allgemeinen. Das Adjektiv »temporell« be-deutet unter anderem »zeitlich, vergänglich«, ist aber heute veraltet.

207 **Das Wort »berlinisch« wird heute vor allem in der Sprach-wissenschaft gebraucht.** ⇨ Antwort 1
Allgemein gebräuchlicher ist die Form »berlinerisch«, in der Sprach-wissenschaft findet sich dagegen häufiger »berlinisch«.

208 **Bildungssprachlich geht etwas »per se«, wenn es »auto-matisch, von selbst, von sich aus« geschieht.** ⇨ Antwort 2
Die Wortverbindung »per se« bedeutet wörtlich übersetzt »durch sich selbst«, d. h. »aus sich heraus«. Der Ausdruck »sua sponte« da-gegen heißt wörtlich übersetzt »aus eigenem Antrieb« und ist schon bei den römischen Autoren Cicero und Vergil belegt; im heutigen Deutsch wird er als Synonym für »freiwillig« verwendet. Das Gegen-teil von »freiwillig« ist hingegen »nolens volens«. Es wird wörtlich übersetzt mit »nicht wollend wollend« und meint »wohl oder übel«.

209 **Das fachsprachliche Synonym zu »Eingeborene« ist »Auto-chthone«.** ⇨ Antwort 2
Das Wort ist aus gr. *autós* »eigen« und $c^ht^h\acute{o}n$ »Erde« zusammen-gesetzt und bedeutet in etwa »die eigene Erde bewohnend«. Eine

»Autochore« (Antwort 1) ist übrigens eine Pflanze, die ihre Früchte oder Samen selbst verbreitet.

In der Schweiz sind die Ausdrücke »parkieren« und »Trottoir« für »parken« und »Bürgersteig« gebräuchlich. ⇨ Antwort 1
Das Wort »Trottoir« ist aus dem Französischen entlehnt.

210

Kein Synonym für »Prahler« ist »Spitzbube«. ⇨ Antwort 3
»Spitzbube« wird zwar auch abwertend gebraucht, ist aber ein Synonym für »Dieb« oder »Schelm«.

211

Das gesuchte bildungssprachliche, veraltende Synonym für »Belustigung« ist »Gaudium«. ⇨ Antwort 1
In der Umgangssprache findet sich die aus »Gaudium« verkürzte Form »Gaudi«. Zu verdanken haben wir dieses Wort Studierenden, die es im 17. Jahrhundert aus dem Lateinischen in unsere Sprache gebracht haben. »Fidelismus« (oder »Fidelismo«) ist übrigens die nach dem kubanischen Ministerpräsidenten Fidel Castro (1927–2016) benannte politische Bewegung in Kuba. »Euthymie« bedeutet »Heiterkeit, Frohsinn«.

212

Das gesuchte Synonym für »leer, unbesetzt« ist »vakant«. ⇨ Antwort 1
Es kommt von lateinisch *vacāre* »leer sein« und wird vor allem verwendet, um von zur Verfügung stehenden, unbesetzten Stellen bzw. Positionen zu sprechen: »Die Stelle der Schulleitung ist derzeit vakant.«

213

»Paladin« bezeichnet keinen Tollpatsch, sondern einen treuen Gefolgsmann. ⇨ Antwort 3
»Döskopp« ist ein norddeutscher, »Löli« ein in einigen Schweizer Dialekten verbreiteter Ausdruck für den Tollpatsch. Weitere Synonyme sind beispielsweise »Elefant im Porzellanladen«, »Patscherl« und »Trampeltier«.

214

215 **In der Fachsprache der Psychologie wird öfter differenziert zwischen »Angst« als unbegründet, nicht objektbezogen und »Furcht« als objektbezogen.** ⇨ (Antwort 1)
Von »Furcht« wird also dann gesprochen, wenn es für den Menschen eine als Bedrohung empfundene Ursache, eine äußere Gefahr gibt, z. B. die Verfolgung durch fremde Personen.

216 **Ein Synonym für »jemandem ins Gewissen reden« ist in gehobener Sprache »anempfehlen«.** ⇨ (Antwort 1)
Während »predigen« in der Bedeutung »jemandem etwas eindringlich ans Herz legen« ganz eindeutig der Umgangssprache angehört, lässt sich »ans Herz legen« als standardsprachlich oder umgangssprachlich einordnen. Ein Beispiel für das (mittlerweile veraltende) »anempfehlen« ist: »Er ließ den Leibarzt rufen, der ihm Ruhe anempfahl.«

217 **Das Wort »Zement« ist kein Synonym für »Geld«.** ⇨ (Antwort 3)
Die Vielzahl an verschiedenen Wörtern für »Geld« zeigt, dass es einerseits eine wichtige Rolle in unserer Gesellschaft spielt, aber andererseits nicht gern darüber gesprochen wird: So werden immer neue Wörter gebildet, um es verhüllend zu bezeichnen.

218 **Ein bildungssprachliches Synonym zu »abgedroschen« ist »trivial«.** ⇨ (Antwort 2)
In einigen Zusammenhängen ist bildungssprachlich auch »stereotyp« ein passendes Synonym.

219 **Ein Synonym für »dufte« ist »famos«.** ⇨ (Antwort 1)
Das seit dem 19. Jahrhundert bezeugte, durch das Berlinerische populär gewordene Adjektiv »dufte« stammt aus dem Rotwelschen. Es geht zurück auf jiddisch *toff* (< hebräisch *tôv*) »gut«. Wie für wertende Ausdrücke typisch hat »dufte« heute noch zahlreiche andere Entsprechungen, z. B. »krass«, »cool« oder »geil«.

220

Den Tag zwischen einem Feiertag und dem Wochenende nennt man in Österreich meistens »Fenstertag«. ⇨ **Antwort 1**
Weniger, vor allem aber in Oberösterreich verbreitet ist die Bezeichnung »Zwickeltag«. Das in Deutschland übliche Pendant »Brückentag« ist in Österreich unüblich.

221

Die Wortgruppe »verhandeln, bereden, besprechen« beinhaltet keine Synonyme zu »eröffnen«. ⇨ **Antwort 1**
Die in Antwort 2 genannten Synonyme entsprechen der Bedeutung »der Öffentlichkeit, dem Publikumsverkehr zugänglich machen«, z. B. »ein Geschäft eröffnen«. Die in Antwort 3 aufgelisteten Synonyme passen zu der Bedeutung »mitteilen, sich jemandem anvertrauen«, z. B. »seine Absichten eröffnen«.

222

Das bildungssprachliche Synonym zu »behäbig« lautet »phlegmatisch«. ⇨ **Antwort 2**
Das Wort »Phlegma« (»Passivität, Schwerfälligkeit«) geht zusammen mit dem davon abgeleiteten Adjektiv »phlegmatisch« auf altgriechisch *phlégma* »entzündlicher, zäher Schleimfluss im Körper« zurück.

Spiel 9

223

In dem Satz »Das sich im Regal befindliche Buch ist ziemlich langweilig« ist »befindlich« falsch gebraucht. ⇨ **Antwort 3**
Die Wörter »sich befinden« und »befindlich« bedeuten nahezu dasselbe, aber bezüglich der Wortart, der sie jeweils angehören, unterscheiden sie sich: So ist »sich befindend« das Partizip des Verbs »sich befinden«. Dagegen ist »befindlich« ein Adjektiv und kann deshalb kein Pronomen »sich« dazunehmen. Das können nämlich nur Verben.

224 **Die richtigen Steigerungsformen von »sexy« lauten »sexy, sexyer, am sexysten«.** ➪ Antwort 2

Die englischen Steigerungsformen *(sexy, sexier, sexiest)* werden im Deutschen also nicht nachgebildet; das Adjektiv wird im Deutschen regelmäßig gesteigert. Ähnlich ist es übrigens bei der Pluralbildung von Fremdwörtern aus dem Englischen im Deutschen: »die Babys«, »die Hobbys«, »die Storys«.

225 **Nur sehr vereinzelt findet sich die Präposition »pro« mit dem Nominativ, also »pro landwirtschaftlicher Betrieb«.** ➪ Antwort 3

Hauptsächlich kommt sie mit dem Dativ vor (»pro landwirtschaftlichem Betrieb«), seltener mit dem Akkusativ (»pro landwirtschaftlichen Betrieb«).

226 **Der Behälter ist öffenbar.** ➪ Antwort 2

Verben wie »rechnen«, »zeichnen« oder »öffnen« lauteten in einer früheren Sprachstufe des Deutschen noch »rechenen«, »zeichenen« und »öffenen«. Die Verbstämme sind also »rechen-«, »zeichen-« bzw. »öffen-«. Diese Tatsache wird noch heute offensichtlich, wenn Zusammensetzungen gebildet werden: »Rechenstunde« (nicht: »Rechnenstunde«), »Zeichenblock« (nicht: »Zeichnenblock«). Sie erklärt auch Ableitungen wie »rechenbar« oder »öffenbar«.

227 **Es heißt »Räum dein Zimmer auf«, weil die Befehlsform von »räumen« regulär mit oder ohne »e« gebildet werden kann, hier also kein »e« weggefallen ist.** ➪ Antwort 2

Die Befehlsform (sogenannter Imperativ) kann von den meisten Verben mit oder ohne »e« gebildet werden. Heutzutage wird in der Regel die Form ohne »e« bevorzugt, außer bei den Verben auf »-ern« und »-eln«, wo das »e« verbindlich ist (z. B. »handle«, »traure«), und einigen anderen. Demnach ist bei den Formen ohne »e« kein »e« weggefallen, denn es war von vornherein kein Bestandteil der Form, und deshalb steht auch kein Apostroph. Ausnahmen sind nur unübliche Imperative, wie sie gelegentlich in der Dichtung auftreten: »Fordr' ihn auf!«

Richtig zitiert ist der Buchtitel in dem Satz »Ich lese gerade den ›Ernährungskompass‹ von Bas Kast«. ⇨ Antwort 1

228

Der zu einem Buchtitel gehörende Artikel wird in die Anführungszeichen einbezogen, wenn er im Nominativ steht: »›Der Ernährungskompass‹ ist ein Bestseller geworden.« Wenn er sich im Akkusativ oder Dativ nicht ändert, darf er ebenfalls in die Anführungszeichen einbezogen werden: »Sie las ›Das Parfum‹ von Patrick Süskind.« Ändert sich der Artikel in diesen Fällen aber (wie in Antwort 1), dann muss er außerhalb der Anführungszeichen bleiben.

Sowohl »euere Katze« als auch »eure Katze« sind korrekt, die Form »eure Katze« ist aber wesentlich häufiger. ⇨ Antwort 2

229

Das »e« kann in all jenen Formen wegfallen, in denen auf das »r« von »euer« noch ein »e« und ggf. noch weitere Buchstaben folgen, z. B. »euere/eure Katze«, »eueres/eures Hundes«, aber nur: »euer Hund«.

Richtig ist der Satz »Die Zahl der Gäste lag bei fast 100 Personen, darunter eine große Anzahl Jugendlicher«. ⇨ Antwort 3

230

»Zahl« wird immer dann verwendet, wenn es eine Gesamtmenge ausdrückt. »Anzahl« bezeichnet dagegen lediglich einen Teil der Gesamtmenge. In der Alltagssprache werden beide Wörter häufig synonym verwendet.

»Baue« bedeutet als Plural von »Bau« nur »Erdwohnungen bestimmter Tierarten«. »Bauten« meint als Plural von »Bau« dagegen »Bauwerke«. ⇨ Antwort 2

231

Lediglich bei ein paar Fachausdrücken, wie beispielsweise »Tagebaue«, bezeichnet »Baue« etwas durch den Menschen Geschaffenes. Der Plural »Bauten« gehörte dagegen ursprünglich nicht zu »Bau«, sondern zu dem früheren Kanzleiwort »die Baute« (»das Gebäude«), das heutzutage nur noch selten gebraucht wird.

232 **In dem Satz »Sie wäre wirklich glücklich, wenn er das Geld nehme« ist »nehme« durch »nähme« zu ersetzen.** ⇨ **Antwort 2**
Der Unterschied zwischen beiden ist der Grad der Wirklichkeit: Während »nähme« ein Konjunktiv II ist und die Unmöglichkeit bzw. das Irreale ausdrückt, ist »nehme« ein Konjunktiv I und bringt eine gewisse Distanzierung bzw. eine gewisse Unsicherheit in eine Äußerung. Der Konjunktiv I steht deshalb vor allem bei indirekter Rede wie in den Antworten 1 und 3. Dagegen steht der Konjunktiv II besonders in als nicht wirklich gedachten Bedingungssätzen wie in Antwort 2.

233 **Der Fehler findet sich in dem Satz »Sie konnte Tage lang nichts essen«; dort ist nur die Zusammenschreibung »tagelang« richtig.** ⇨ **Antwort 2**
Der Ausdruck wird dann klein- und zusammengeschrieben, wenn es sich um das Adjektivkompositum »tagelang« handelt. Dieses ist daran erkennbar, dass vor »tagelang« kein Adjektiv und keine Zahl stehen, die das Wort »Tage« näher bestimmen, z. B.: »Sie lag tagelang im Bett.« Wenn aber »lang« durch »Tag« (mit vorangehendem Adjektiv, Zahlwort o. Ä.) näher bestimmt wird, dann wird »Tage« groß- und getrennt von »lang« geschrieben, z. B.: »Drei Tage lang lag sie krank im Bett.«

234 **Allein »die Onkel« gilt als standardsprachlich richtige Mehrzahl von »Onkel«.** ⇨ **Antwort 1**
Daneben findet sich umgangssprachlich besonders in Norddeutschland der Plural »die Onkels«.

235 **In dem Satz »Gestern reiste die Delegierung des Präsidenten an« muss »Delegierung« durch »Delegation« ersetzt werden.** ⇨ **Antwort 2**
Wenn bei der Substantivierung von Verben auf »-ieren« Bildungen auf »-ation« und »-ierung« nebeneinanderstehen, bringen die Bildungen auf »-ierung« im Allgemeinen stärker den Vorgang zum Ausdruck als die Bildungen auf »-ation«, die eher das Ergebnis bezeichnen. Im Fall

von »delegieren« meint nur »Delegation« die Abordnung von Bevoll-
mächtigten als Personengruppe und damit Ergebnis des Delegierens.

**Die Abkürzung für »Postskript(um)« enthält keine Abkürzungs-
punkte und keine Leerzeichen. Falsch ist also: »P. S. Morgen
komme ich erst um 19 Uhr«.** ⇨ (Antwort 2)

236

Die Abkürzung kann mit oder ohne Doppelpunkt stehen. In der
elektronischen Texterfassung ist das Postskript(um) eigentlich un-
nötig, weil sich der Text auch nachträglich an der richtigen Stelle
einsetzen ließe. Es dient aber der besonderen Hervorhebung.

**In dem Satz »Ich habe meine Schlüssel verloren und jetzt stehe
ich vor verschlossener Tür« kann das Perfekt nicht durch das
Präteritum ersetzt werden.** ⇨ (Antwort 3)

237

Präteritum und Perfekt sind in den meisten Fällen nahezu be-
deutungsgleich, wobei das Perfekt in der gesprochenen Sprache
vorherrscht, während das Präteritum in der geschriebenen Sprache
teilweise bevorzugt wird. Gibt es aber einen Bezug zwischen der
vergangenen Handlung und der gegenwärtigen Situation, darf ausschließlich das Perfekt gebraucht werden.

**Ob »soweit / so weit« zusammen- oder getrennt geschrieben
wird, hängt vom Kontext ab.** ⇨ (Antwort 1)

238

Denn »soweit« wird immer dann zusammengeschrieben, wenn es
einen Nebensatz einleitet, z. B.: »Soweit ich weiß, gibt es hier viele
Fledermäuse.« In allen anderen Fällen wird es getrennt geschrieben,
z. B.: »Bald ist es so weit.«

**In dem Satz »Die Regel lautet: wer zuerst im Ziel ist, hat
gewonnen« muss nach dem Doppelpunkt mit einem Großbuch-
staben begonnen werden.** ⇨ (Antwort 1)

239

Folgt nach einem Doppelpunkt ein ganzer Satz, so beginnt dieser
groß. Folgt dagegen eine Aufzählung, dann wird nur bei Substantiven groß begonnen. Alternativ zur Großschreibung kommt die

Kleinschreibung allerdings dann infrage, wenn der Satz nach dem Doppelpunkt auch mit einem Gedankenstrich angeschlossen werden könnte, z. B.: »Mathe, Englisch, Deutsch: Überall/überall hatte sie eine Eins.« Denn man könnte auch schreiben: »Mathe, Englisch, Deutsch – überall hatte sie eine Eins.«

240 **Die Schreibung »auf seiten« ist nicht zulässig.** ⇨ **Antwort 3**
In der Wortverbindung »auf Seiten« schwindet allmählich die Bedeutung des Substantivs »Seite«, weshalb die Wortgruppe auch klein- und zusammengeschrieben werden kann. In der alten Rechtschreibung war dagegen nur die Schreibung »auf seiten« richtig, die beiden heute gültigen nicht.

241 **Richtig ist »outgesourct«.** ⇨ **Antwort 1**
Das Verb »outsourcen« wird also wie ein deutsches Partikelverb, z. B. »ausgliedern«, gebraucht: »ausgegliedert – outgesourct«, »auszugliedern – outzusourcen«. Selten sind allerdings die finiten Formen »ich source out«, »du/er/ihr sourct out«, an deren Stelle man auch auf Formen des Verbs »aussourcen« ausweichen kann: »Unser Konkurrent sourct zu viel aus.« »Sie sourcten alles aus.«

242 **Das Wort »paar/Paar« wird dann kleingeschrieben, wenn es die Bedeutung »einige wenige« hat. Ansonsten wird es großgeschrieben.** ⇨ **Antwort 2**
Beispiele für die Kleinschreibung »paar« sind: »ein paar Blumen«, »ein paar Cents«. Dagegen sind Beispiele für die Großschreibung »Paar«: »das Paar Schuhe«, »das Paar Handschuhe«.

243 **Der Fehler findet sich in dem Dialog »Welchen Kuchen bringst du am Montag mit? – Ich bringe einen Marmorkuchen mit.« Hier muss statt »Welchen ...« »Was für einen ...« gebraucht werden.** ⇨ **Antwort 2**
Mit »Was für ein?« wird die Art des jeweiligen Substantivs erfragt. Demnach ist der Gebrauch in den Sätzen 1 und 3 richtig.

Mit »Welches?« bezieht man sich dagegen auf die Auswahl eines Gegenstands / einer Person aus einer Menge. Die Frage »Welchen Kuchen bringst du am Montag mit?« wäre also nur richtig, wenn beispielsweise eine Liste existierte, aus der eine Kuchensorte ausgewählt werden kann. Die Antwort würde dann lauten: »Ich bringe *den* Marmorkuchen mit.«

Richtig ist »das Erfordernis«. ⇨ **Antwort 3**   **244**
Das Wort »Erfordernis« ist also Neutrum. Substantive auf »-nis« sind entweder Feminina (z. B. »die Finsternis«, »die Kenntnis«) oder Neutra (z. B. »das Bildnis«, »das Ergebnis«).

Während »geschäftig« »unentwegt tätig« bedeutet, meint   **245**
»geschäftlich« »das Geschäft betreffend, dienstlich«.
⇨ **Antwort 3**
Es muss demnach »geschäftiges Treiben« heißen.

Der Fehler findet sich in dem Satz »Durch den Kabelbrand   **246**
müssen wir den Betrieb der S-Bahnen einstellen«. Dort ist
»durch« fälschlich anstelle von »aufgrund« gebraucht.
⇨ **Antwort 2**
Weil hier eine Ursache und nicht das Mittel bzw. das Instrument für die Einstellung des Betriebs angegeben wird, müsste es richtig »aufgrund des Kabelbrands« lauten (oder auch: »wegen/infolge des Kabelbrands«). Im Allgemeinen kann man sich folgende Faustregel merken: Lässt sich »Womit/wodurch?« fragen, steht die Präposition »durch« und nicht »aufgrund«.

»Scheinbar« besagt, dass etwas nur dem Schein nach, aber   **247**
nicht in Wirklichkeit so ist. Dagegen bedeutet »anscheinend«,
dass etwas wirklich so ist, wie es scheint. ⇨ **Antwort 1**
Allerdings verblasst der Bedeutungsunterschied zwischen beiden Ausdrücken immer weiter und sie werden in der Alltagssprache sehr oft synonym gebraucht.

248 **Statt »nötige Folge« müsste es richtig »notwendige Folge« lauten.** ⇨ Antwort 1

Denn wenn »notwendig« nicht für »etwas brauchen«, sondern für »zwangsläufig« steht, kann es nicht durch »nötig« ersetzt werden. In Verbindung mit »haben« (wie in Satz 2) steht übrigens ausschließlich »nötig«. In Satz 3, in Verbindung mit »sein«, wären die Wörter austauschbar; »notwendig« wirkt hier nachdrücklicher.

249 **Der Fehler findet sich in dem Satz »Das ist wirklich große klasse!«. Dort muss das Wort »Klasse« großgeschrieben werden.** ⇨ Antwort 1

Bei »Klasse« handelt es sich hier um ein Substantiv, das keinen Gegenstand bezeichnet, sondern die Qualität einer Sache beschreibt. Solche Substantive (z. B. auch »Spitze«) entwickeln sich in den Sprachen weltweit leicht zu wertenden Adjektiven. Dass sie einmal Substantive waren, zeigt sich im Deutschen dann unter anderem daran, dass Groß- und Kleinschreibung variieren. Für »klasse/Klasse« gilt: Steht davor noch ein Adjektiv, wie beispielsweise »große« in Antwort 1, dann muss »Klasse« großgeschrieben werden.

250 **In einem Wörterbuch werden die Wörter einer Sprache erklärt, ein Lexikon enthält dagegen Sachinformationen.** ⇨ Antwort 2

Wörterbücher können Wörter beispielsweise im Hinblick auf ihre Rechtschreibung, Aussprache, Herkunft oder Bedeutung erklären. Lexika enthalten Sachinformationen zu den verschiedensten Bereichen, z. B. über Personen, Länder, Tiere oder Pflanzen.

251 **Die Mitte des Rades wird Nabe genannt.** ⇨ Antwort 1

Nicht ohne Grund klingt »Nabe« wie »Nabel«: Beide Wörter haben denselben Ursprung und bezeichnen den Mittelpunkt von etwas. Die Narbe hat damit hingegen gar nichts zu tun.

252

Die Abkürzung »lol« wird (beispielsweise in Kurznachrichten) zum Ausdruck großer Heiterkeit verwendet. ⇨ (Antwort 1)
Sie steht für englisch *laughing out loud,* »laut herauslachend«.

253

Wenn jemand kapriziös antwortet, dann handelt es sich um eine sehr launenhafte, eigenwillige Antwort. ⇨ (Antwort 2)
Das Wort »kapriziös« ist aus dem gleichbedeutenden französischen *capricieux* entlehnt.

254

Mit dem Verb »lancieren« ist das geschickte Platzieren von Informationen in der Presse gemeint. ⇨ (Antwort 3)
Es bezeichnet aber auch im Allgemeinen das geschickte Platzieren von etwas an der gewünschten Stelle. Außerdem bedeutet es noch »jemandem im Beruf oder in der Gesellschaft zu einem Erfolg verhelfen«, z. B.: »Sie hat den Marathonläufer in der Szene lanciert.«

255

Einhörner sind nicht real. ⇨ (Antwort 2)
Während »real« etwas bezeichnet, das in Wirklichkeit vorhanden ist, bedeutet »reell« in der Regel »anständig, ehrlich« (z. B. »Qualität zu reellen Preisen«). Fast nur in Verbindung mit Substantiven wie »Chance« oder »Möglichkeit« bedeutet »reell« auch »wirklich, echt« (z. B. »eine reelle Chance«).

256

Wenn jemand sich nicht entblödet, etwas zu tun, schämt er sich nicht dafür. Er scheut sich nicht, es zu tun. ⇨ (Antwort 1)
Was die Person tut, ist dabei dreist oder unklug, z. B.: »Sie entblödete sich nicht, ihre Hilfe mit 500 Euro in Rechnung zu stellen.« Das Verb »sich entblöden« wird heute nur noch in dieser Weise verwendet, also reflexiv (mit »sich«) und verneint. Es ist abwertend und findet sich nur in gehobenem Stil.

257 **Eine religiöse Körperschaft mit eigenem Vermögen nennt man Stift.** ⇨ **Antwort 2**
Die ältesten Einrichtungen dieser Art sind Klöster. Stiftungen dagegen sind keine Körperschaften (also Personenverbindungen), sondern Vermögen, die einem bestimmten Zweck gewidmet sind.

258 **Mäzene und Mäzeninnen sind vermögende Privatpersonen, die kulturelle, aber auch sportliche und künstlerische Aktivitäten finanziell fördern.** ⇨ **Antwort 1**
Das Wort geht auf den Namen des römischen Adligen Maecenas zurück, der im ausgehenden 1. Jahrhundert v. Chr. wichtige römische Autoren, darunter Vergil und Horaz, förderte.

259 **Tatsächlich kann das Wort »Untiefe« sowohl eine »flache Stelle im Wasser« wie auch – im Gegenteil – eine »sehr große Tiefe« bezeichnen.** ⇨ **Antwort 3**
In der ersten (fachsprachlichen) Bedeutung handelt es sich bei »Untiefe« um eine Ableitung von »untief« (»nicht tief«); in diesem Fall ist »un-« also ein Verneinungspräfix wie in »Unruhe« oder »unhöflich«. In der zweiten (alltagssprachlichen) Bedeutung dagegen ist »Un-« ein Verstärkungspräfix wie in »Unmenge« oder »Unkosten«.

260 **Textbestandteile in Verträgen, die z. B. bestimmte Bedingungen nennen und damit Unklarheiten beseitigen sollen, werden als »Klausel« bezeichnet.** ⇨ **Antwort 2**

261 **Das Adjektiv »einträglich« bedeutet »lukrativ«.** ⇨ **Antwort 1**
Mit dem Adjektiv »einträglich« wird etwas als besonders gewinn- oder Vorteil bringend benannt. Dementsprechend wäre ein weiteres Synonym »rentabel«.

»Leumund« bedeutet »Ruf«. ⇨ Antwort 3

262

Dieses Wort ist seit dem 8. Jahrhundert belegt, wird heute aber immer seltener verwendet. Geläufig ist es beispielsweise noch in der Wendung »einen schlechten/guten Leumund haben« oder in der Zusammensetzung »Leumundszeugnis«.

Unter einem Bildbruch versteht man eine Verquickung nicht zusammenpassender bildhafter Ausdrücke in der Sprache. ⇨ Antwort 3

263

Durch einen Bildbruch, auch Bildmischung oder Katachrese genannt, wird eine Aussage unsinnig oder mindestens schief. Er kann auch absichtlich angewendet werden, um komische Effekte zu erzielen: »Der Zahn der Zeit, der schon manche Träne getrocknet hat, wird auch über diese Wunde Gras wachsen lassen.«

Das Verb »pressieren« heißt »dringend sein«. ⇨ Antwort 1

264

Es wird vor allem im Süddeutschen, Österreichischen und Schweizerischen gebraucht: »Es pressierte ihr damit.« Daneben kann es auch in der Bedeutung »sich beeilen« verwendet werden: »Wir müssen pressieren, um den Zug noch zu erreichen.«

Eine besonders umständliche Erzählung nennt man auch betulich. ⇨ Antwort 1

265

Das Adjektiv »betulich« bedeutet im Allgemeinen »mit umständlich wirkender Sorgfalt«.

Das Adjektiv »schlafwandlerisch« bedeutet »unbeirrbar«. ⇨ Antwort 3

266

Wenn beispielsweise der Aufritt eines Akrobaten mit den Worten »schlafwandlerische Sicherheit« beschrieben wird, dann ist damit eine von allen äußeren Einflüssen unbeeinträchtigte Sicherheit gemeint. Doch Vorsicht: Wer wirklich schlafwandelt, ist keineswegs vor Verletzungen geschützt; bei der »schlafwandlerischen Sicherheit« handelt es sich um einen Mythos.

267 »Astrologie« bezeichnet das Deuten der Zukunft anhand von Sternkonstellationen. ⇨ Antwort 2

Unter »Astronomie« versteht man indes die wissenschaftliche Erforschung der Himmelskörper und des Weltalls. »Astrografie« meint die Sternbeschreibung.

268 Der Ausdruck »frappierend« bedeutet »verblüffend« bzw. »Verblüffung hervorrufend«. ⇨ Antwort 2

Synonyme von »frappieren« sind beispielsweise »überraschen« oder »verwundern«.

269 Bei der Garbe handelt es sich um ein Bündel an geschnittenen und gleichmäßig zusammengelegten Getreidehalmen. ⇨ Antwort 3

Diese Bündel werden zum Trocknen des Getreides auf dem Feld gegeneinandergelehnt zusammengestellt.

270 Das richtige Wort für fehlenden Respekt im Umgang heißt »despektierlich«. ⇨ Antwort 2

271 Das Wort »Bouquet« bezeichnet in gehobener Sprache einen (oft großen und aufwendig gebundenen) Blumenstrauß für besondere Anlässe. ⇨ Antwort 1

Außerdem kann es ein Aroma oder einen Duft bezeichnen, insbesondere von Wein.

272 Das Wort »Erker« bezeichnet einen geschlossenen Vorbau mit einem oder mehreren Fenstern an einem Gebäude. ⇨ Antwort 2

273 Das Wort »physisch« bedeutet »körperlich«. ⇨ Antwort 1

Dagegen bezieht sich »physiologisch« auf die Funktionen und Abläufe in einem Organismus; »psychisch« schließlich bedeutet »seelisch«.

In dem Satz »Ich hatte mein Essen nachdrücklich ohne Petersilie bestellt ...« sollte »nachdrücklich« besser durch »ausdrücklich« ersetzt werden. ⇨ **Antwort 2**   274

Während »ausdrücklich« »explizit, klar und deutlich« meint, bedeutet »nachdrücklich« »mit Nachdruck, energisch«.

Das Wort »renitent« bedeutet »aufsässig, unwillig, eigensinnig«. ⇨ **Antwort 3**   275

Das dazugehörige Substantiv lautet »Renitenz«.

Als »Plunder« bezeichnet man als wertlos betrachtete (oft alte) Gegenstände. ⇨ **Antwort 3**   276

Das Wort »Plunder« ist in dieser Bedeutung umgangssprachlich und existiert nur in der Einzahl. Daneben bezeichnet »Plunder« Gebäck aus Plunderteig, einem leichten Hefeteig, z. B. Schnecken oder Taschen.

Spiel 11

Wer auf dem Holzweg ist, befindet sich im Irrtum. ⇨ **Antwort 3**   277

Schon im späten Mittelalter wird der Ausdruck »Holzweg« im übertragenen Sinn für »Irrweg« bzw. »Abweg« gebraucht. Ursprünglich bezeichnete der Holzweg einen schmalen Waldweg, über den Holzfäller das Holz aus dem Wald transportierten. Dementsprechend führte der Holzweg nirgendwohin. Daraus hat sich dann die Bedeutung »Irrweg« entwickelt.

Die Wendung »Das Brot ist im Lot« gibt es nicht. ⇨ **Antwort 3**   278

Die erste Redewendung »Wes Brot ich ess, des Lied ich sing« meint, dass man die Interessen der Person vertritt, von der man ökonomisch abhängig ist. Schließlich sagt man zu jemandem, dass er »überall sein Brot findet«, wenn die Person so fleißig ist, dass sie überall Arbeit findet.

279 **Wenn man vorschnell aufgibt, wirft man die Flinte ins Korn.**
⇨ **Antwort 1**
Die Wendung bezeichnete ursprünglich das Wegwerfen der Flinte
durch einen Soldaten, der aufgibt und dem Kampf entflieht. »Finte«
meint übrigens einen Vorwand, eine Täuschung oder auch einen
Scheinhieb beim Boxen oder Fechten. Bei »Flint« dagegen handelt
es sich um einen norddeutschen Ausdruck für den Feuerstein
(vgl. englisch *flintstone*).

280 **Mit dem goldenen Handschlag ist eine großzügige Abfindung
gemeint.** ⇨ **Antwort 1**

281 **Einen indirekten, aber sehr deutlichen Hinweis, eine deutliche
Anspielung also bezeichnet man als »Wink mit dem Zaun-
pfahl« oder »Laternenpfahl«, nicht »mit dem Baumpfahl«.**
⇨ **Antwort 3**
Gemeint ist mit dem Zaun- oder Laternenpfahl hier etwas Großes,
Unübersehbares. Wesentlich häufiger ist die Wendung »ein Wink
mit dem Zaunpfahl«; »ein Wink mit dem Laternenpfahl« ist eine
scherzhafte Abwandlung davon. Ein Baumpfahl ist übrigens ein
Pfahl, an dem ein junger Baum festgebunden wird, damit er eine
Stütze hat.

282 **Mit der Wendung »angenehmes Flohbeißen« wünscht man
eine gute Nacht.** ⇨ **Antwort 3**
Sie ist also scherzhaft gemeint.

283 **Die Phrase »in den Seilen hängen« ist eine Redewendung für
»völlig erschöpft sein«.** ⇨ **Antwort 2**
Die Wendung stammt aus dem Boxsport, wo der Gegner sein
Gegenüber in die Seile drängt. Dagegen bedeutet »aus allen Wolken
fallen« »völlig überrascht sein«; »in der Luft hängen« bedeutet
»sich in Ungewissheit, in einer unsicheren Situation befinden«.

Die Redewendung lautet »ein Sturm im Wasserglas«. ⇨ Antwort 1

284

Ursprünglich stammt sie von dem französischen Staatstheoretiker Montesquieu, der damit seinerzeit politische Unruhen in dem Kleinstaat San Marino beschrieb.

Ein anderer Ausdruck für Ohrfeigen ist »ein Satz heiße Ohren«. ⇨ Antwort 2

285

Daneben gibt es auch die Wendung »ein Satz rote Ohren«.

Das Zitat »Daran erkenn ich meine Pappenheimer« stammt aus Schillers Werk »Wallensteins Tod«. ⇨ Antwort 2

286

In Schillers Drama drückt Wallenstein mit seinem Ausspruch allerdings anders als heute seine Wertschätzung für das Pappenheimer Regiment aus.

Eine gut informierte Person ist »auf Ballhöhe«. ⇨ Antwort 1

287

Die Wendung ist aus dem Fußballsport entnommen, wo sich ein Schiedsrichter möglichst auf Höhe des Balls befinden sollte, um das aktuelle Geschehen im Spiel beurteilen zu können.

Der Ausdruck »kleinster gemeinsamer Nenner« ist aus der Mathematik, genauer gesagt aus der Bruchrechnung, entnommen. ⇨ Antwort 1

288

Hier bezeichnet der kleinste gemeinsame Nenner das kleinste Vielfache, das von allen Nennern einer Gleichung geteilt wird.

Sowohl »ungefangene Fische« als auch »ungelegte Eier« beschreiben im übertragenen Sinn Dinge, die noch nicht entschieden, noch nicht spruchreif sind. ⇨ Antwort 1

289

Wenn man jemandem nicht den gebührenden Vortritt lässt, dann geht sprichwörtlich der Esel voran. ⇨ Antwort 2

290

Die Redewendung basiert auf der Annahme, dass Esel im Allgemeinen stur sind.

291 **Die Wendung lautet »zittern wie Espenlaub«.** ⇨ Antwort 3

Die Blätter der Espe sind relativ klein und bewegen sich schon bei dem geringsten Lufthauch. Die Espe wird daher auch Zitterpappel genannt.

292 **Die lateinische Wendung »coram publico« bedeutet bildungs-sprachlich »öffentlich, in aller Öffentlichkeit«.** ⇨ Antwort 1

Die lateinische Präposition *cōram* findet sich – »koram« geschrieben – übrigens auch in der veralteten Wendung »jemanden koram nehmen« für »scharf tadeln«, beispielsweise bei Schiller belegt.

293 **Unter einem langen Salm versteht man umgangssprachlich umständliches Gerede, Geschwätz.** ⇨ Antwort 1

Das Wort *Salm* ist das niederdeutsche Wort für »Psalm«, bei dem der Anlaut vereinfacht wurde. Gebraucht wurde es ursprünglich, wenn der Bibeltext innerhalb einer Predigt als zu lang empfunden wurde; ausgehend davon entwickelte sich die heutige Bedeutung.

294 **Der Vergleich »dumm wie Bohnenstroh« soll eine Person als wenig intelligent abqualifizieren.** ⇨ Antwort 2

Die Wendung »dumm wie Bohnenstroh« geht auf die ältere Wendung »grob wie Bohnenstroh« zurück. Bohnenstroh (also getrocknete Triebe, Blätter und Hülsen von Futterbohnen) wurde von armen Leuten früher zum Aufbau ihrer Schlafstatt genutzt, da sie sich das normale Stroh nicht leisten konnten. Wer so arm war, dass er auf Bohnenstroh schlafen musste, wurde in der Folge als ungebildet und von schwacher Intelligenz herabgewürdigt.

295 **Eine sich außerordentlich schnell verbreitende Nachricht geht wie ein Lauffeuer herum.** ⇨ Antwort 3

Das »Lauffeuer« bezeichnete ursprünglich das Anzünden einer Pulverschnur zur Fernzündung einer Sprengladung. Die Bedeutung »außerordentlich schnell« bezieht sich also auf die Geschwindigkeit, mit der das Pulver verbrennt und die Flamme voranschreitet.

Die Redewendung lautet »lieber ein Spatz in der Hand als eine Taube auf dem Dach«. ⇨ Antwort 2

296

Jemandem die Flötentöne beizubringen bedeutet, dass man ihn richtiges Benehmen lehrt. ⇨ Antwort 1

297

Vermutlich spielt die Wendung darauf an, dass man jemandem beibringt, sich nach den Signalen einer Flöte zu richten.

Die Redensart lautet »wenn in China ein Sack Reis ...« oder »... ein Fahrrad umkippt«. Die Variante »wenn in China ein Baum umkippt« gibt es nicht. ⇨ Antwort 3

298

Die Wendung wird in Form eines Vergleichs dann gebraucht, wenn etwas (aus der Perspektive des oder der Sprechenden) völlig Unwesentliches geschieht. China ist sowohl für den Reisanbau als auch für den Gebrauch von Fahrrädern bekannt. Dementsprechend ist es nichts Besonderes, wenn eines von beiden in China umkippt. Im Zuge der Globalisierung wird die Redensart aber immer häufiger auch neu interpretiert: Was im fernen China passiere, könne sehr wohl auch hierzulande von Bedeutung sein.

Einen besonders großen, dünnen Menschen nennt man umgangssprachlich auch eine lange Latte. ⇨ Antwort 1

299

Die Wendung »Ultima Ratio« bezeichnet das letzte Mittel in einer schwierigen Lage, wenn nichts anderes mehr Aussicht auf Erfolg hat. ⇨ Antwort 1

300

Wörtlich aus dem Lateinischen übersetzt heißt »Ultima Ratio« »die letzte Erwägung, das letzte Verfahren«. Ursprünglich wurde der Ausdruck für militärische Auseinandersetzungen nach ergebnislosen Verhandlungen verwendet. Der spanische Dichter P. Calderón de la Barca spricht in einem Drama (vor 1644) von Pulver und Blei als *Ultima razon de reyes* – »letztes Mittel der Könige«. Im 17. Jahrhundert stand die Wendung häufig auf französischen Kanonen, seit 1742 ist sie in etwas abgewandelter Form auch in Preußen belegt.

301 **Wenn jemand nicht lange zögert, dann fackelt er nicht lang.**
⇨ **Antwort 3**

Mit dem Wort »fackeln« ist hier eigentlich das unruhige Hin-und-her-Bewegen wie jenes der Flamme einer Fackel gemeint.

302 **Wenn man eine unangenehme Aufgabe erledigt, holt man für jemanden »die Kastanien« oder »die Kartoffeln« aus dem Feuer, nicht aber »die Kürbisse«.** ⇨ **Antwort 1**

Die Redewendung basiert auf der Tierfabel »Der Affe und die Katze«, die vor allem durch den französischen Fabeldichter La Fontaine (1621–1695) bekannt geworden ist. In dieser Fabel überredet der Affe eine Katze, für ihn die im Feuer bratenden Kastanien aus der glühenden Asche herauszuholen. Die Version mit »Kartoffeln« ist erst in jüngster Zeit gebräuchlich geworden.

303 **Die Redewendung »wie einst im Mai« bedeutet »wie früher, wie einst in glücklicheren Tagen«.** ⇨ **Antwort 1**

Sie stammt aus dem Gedicht »Allerseelen« von Hermann von Gilm (1812–1864), das durch die Vertonung von Richard Strauss bekannt wurde. Populär wurde das Zitat insbesondere durch eine gleichnamige Operette aus dem Jahr 1943.

Spiel 12

304 **Mit dem Spruch »Jeden Tag ein bisschen besser« warb die Einzelhandelskette REWE.** ⇨ **Antwort 2**

REWE (ein Kurzwort für »Revisionsverband der Westkauf-Genossen-schaften«), 1927 gegründet, hatte mit diesem Claim der Düsseldorfer Agentur Gramm eine konzernweite Neupositionierung eingeleitet. Der Spruch wird oft herangezogen, um zum Ausdruck zu bringen, dass etwas Schritt für Schritt besser wird.

Das Zitat aus dem von Marianne Rosenberg gesungenen Schlager »Er gehört zu mir« geht richtig weiter mit »wie mein Name an der Tür«. ⇨ **Antwort 3**

305

Veröffentlicht wurde der Schlager ursprünglich im Jahr 1975 und war damals 20 Wochen lang in den deutschen Charts. Ein von Marianne Rosenberg im Jahr 1988 veröffentlichtes Remake führte zu einem Kultstatus des Liedes unter Homosexuellen.

Der Spruch »Eher geht ein Kamel durch ein Nadelöhr« stammt aus der Bibel. ⇨ **Antwort 3**

306

Im Neuen Testament (Matthäus 19, 24) sagt Jesus zu seinen Jüngern: »Es ist leichter, dass ein Kamel durch ein Nadelöhr geht, denn dass ein Reicher ins Reich Gottes kommt.« Die Redensart wird heute verwendet, um auszudrücken, dass etwas so gut wie unmöglich ist.

Der Ausdruck »homerisches Gelächter« beschreibt ein sehr lautes, nicht enden wollendes Lachen. ⇨ **Antwort 1**

307

Der Ausdruck ist angelehnt an das als unermesslich beschriebene Lachen der Götter in den homerischen Epen »Odyssee« und »Ilias« aus der 2. Hälfte des 8. Jahrhunderts v. Chr. Bereits im 18. Jahrhundert ist der Gebrauch des Ausdrucks »homerisches Gelächter« in dieser Bedeutung bezeugt, und zwar im Französischen als *rire homérique.*

Der Spruch »Sag niemals nie« stammt aus dem im Deutschen gleichnamigen James-Bond-Streifen aus dem Jahr 1983. ⇨ **Antwort 2**

308

Der englische Originaltitel lautete *Never Say Never Again.* Erst am Ende des Films wird darauf Bezug genommen, als James Bond auf die Bitte, zum Geheimdienst zurückzukehren, augenzwinkernd mit »Nie wieder« antwortet. Gleichzeitig lässt sich in dem Titel eine Anspielung auf die (letztmalige) Rückkehr von Sean Connery (1930–2020) als James Bond sehen, nach 12 Jahren Pause und der vorausgegangenen Ankündigung, nie wieder einen James-Bond-Film zu drehen. Der Film ist übrigens kein »offizieller« James-Bond-Film: Er entstand nach einem Rechtsstreit als Einzelfilm und nutzt auch nicht das offizielle Logo.

309 **Der Spruch »homo homini lupus« (wörtlich übersetzt: »Der Mensch [ist] dem Menschen ein Wolf«) bedeutet, dass der Mensch der gefährlichste Feind des Menschen ist.**
⇨ **Antwort 1**
Übernommen hat Thomas Hobbes (1588–1679) den Spruch von dem römischen Komödiendichter Plautus (um 250 – um 184 v. Chr.). Hobbes charakterisiert damit in seinem staatsphilosophischen Werk »Leviathan« das für ihn natürlichste Verhalten des Menschen: das aus den Grundtriebkräften Selbsterhaltung und Lustgewinn resultierende Streben nach uneingeschränkter Macht.

310 **Die Wendung »Davon geht die Welt nicht unter« stammt aus dem gleichnamigen, von Zarah Leander gesungenen Lied aus dem NS-Propaganda-Film »Die große Liebe« von 1942.**
⇨ **Antwort 2**
Der Film erzählt die Liebesgeschichte zwischen einem Luftwaffen-offizier und einer berühmten Varietésängerin. Mit »Durchhalte-filmen« dieser Art sollten die Menschen von den Kriegsereignissen abgelenkt werden. »Davon geht die Welt nicht unter« meint, dass man Widrigkeiten und Schwierigkeiten, mit denen man konfrontiert ist, nicht so schwernehmen soll.

311 **Etwas Unheilbringendes wird bildungssprachlich auch als »Büchse der Pandora« bezeichnet.** ⇨ **Antwort 1**
Nach dem altgriechischen Dichter Hesiod (um 700 v. Chr.) wurde Pandora mit einem Tonkrug, der alles Übel und Leid enthielt, auf die Erde zu den Menschen geschickt, um die Menschen für den Raub des Feuers durch Prometheus zu bestrafen.

Das Zitat »Das war also des Pudels Kern!« stammt von Goethes Faust in dem gleichnamigen Werk. ⇨ Antwort 2

312

An der fraglichen Stelle in Goethes »Faust I« entpuppt sich ein schwarzer Pudel als Mephisto. Darauf folgt Fausts überraschter Ausruf. Auch heute wird das Zitat noch verwendet, um seiner Überraschung über etwas, das sich lange nicht recht erkennen oder durchschauen ließ, Ausdruck zu geben.

Der deutsche Titel des gesuchten Films lautet »Das verflixte siebte Jahr«; dem siebten Ehejahr werden also Ehekrisen zugeschrieben. ⇨ Antwort 2

313

Der Filmtitel wird auch heute noch gern im Zusammenhang mit Eheproblemen zitiert, obwohl sich ihre Häufung im siebten Ehejahr statistisch nicht belegen lässt.

Der Spruch »die Welt aus den Angeln heben« wurde laut einem Aristoteles-Kommentar aus dem 6. Jahrhundert n. Chr. von Archimedes (um 285–212 v. Chr.) geprägt. ⇨ Antwort 1

314

Der Spruch »Jeder ist sich selbst der Nächste« wurde von dem römischen Komödiendichter Terenz geprägt. ⇨ Antwort 3

315

Zum Ausdruck bringt der Spruch, dass alle Menschen zuerst an sich selbst denken.

Das Zitat »The same procedure as every year« stammt aus dem englischen Fernsehsketch »Dinner for One«, der in Deutschland traditionell zu Silvester ausgestrahlt wird. ⇨ Antwort 2

316

In dem Sketch feiert Miss Sophie ihren 90. Geburtstag. Dabei sitzt sie allein an einem Tisch. Für vier längst verstorbene Gäste ist aber gedeckt, und Miss Sophie feiert so, wie sie es schon immer getan hat. Ihr Butler James stößt in der Rolle jedes einzelnen der Gäste auf sie an und wird dabei immer betrunkener. – Das Zitat wird gebraucht, um etwas auf ironische Weise zu kommentieren, das immer auf dieselbe Weise abläuft.

317 **Wenn man etwas freiheraus sagt, macht man aus seinem Herzen keine Mördergrube.** ⇨ Antwort 1

In der lutherschen Übersetzung dieser Bibelstelle (Matthäus 21, 13) heißt es: »Es steht geschrieben: ›Mein Haus soll ein Bethaus heißen‹, ihr aber habt eine Mördergrube daraus gemacht.« Gemeint ist, dass durch das Zurückhalten schlechter, heimlicher Gedanken das Herz (das unter anderem für den Tempel Gottes steht) zu einer Mördergrube wird, also zu einem unterirdischen Schlupfwinkel für Mörder. Wer dagegen offenherzig ist, also seine Gedanken frei ausspricht, nichts verheimlicht, macht aus seinem Herzen *keine* Mördergrube.

318 **Der Ausdruck »Otto Normalverbraucher« stammt aus dem 1948 in Deutschland erschienenen Film »Berliner Ballade«.** ⇨ Antwort 3

Die Hauptfigur des satirischen Films (gespielt von Gert Fröbe) heißt Otto Normalverbraucher und ist ein Durchschnittsbürger im Nachkriegsdeutschland. Bis heute wird der Ausdruck für den statistischen Durchschnittsmenschen gebraucht.

319 **Aus Shakespeares »Hamlet« stammt das Zitat »Etwas ist faul im Staate Dänemark«.** ⇨ Antwort 1

Ausdrücken lässt sich damit, dass etwas in einem bestimmten Bereich nicht stimmt. Im englischen Original lautet das Zitat »Something is rotten in the state of Denmark«.

320 **Der Ausdruck »Achse des Bösen«** *(axis of evil)* **stammt vom ehemaligen Präsidenten George W. Bush.** ⇨ Antwort 1

Geäußert hat er ihn am 29. Januar 2002 in einer Rede zur Lage der Nation nach den Terroranschlägen auf das World Trade Center und das Pentagon. Dort beschuldigte er insbesondere Nordkorea, den Iran und den Irak, gegen die westliche Welt zu agieren und Terroristen zu unterstützen.

Dieser Werbeslogan wurde für einen Waffelsnack entwickelt, und zwar die Marke Knoppers der Firma Storck. ⇨ (Antwort 2)

321

Es handelt sich um einen süßen Waffelsnack für zwischendurch, den im Werbespot während der Frühstückspause Kinder, Anzugträger oder Handwerker in der Schule, im Büro oder auf der Baustelle gleichermaßen genießen. Schon bald nach der ersten Ausstrahlung 1987 wurde mit dem Spruch ein typischer deutscher Vormittag assoziiert.

Das Zitat »Du bist im Recall!« stammt aus der seit 2002 laufenden Sendung »Deutschland sucht den Superstar«. ⇨ (Antwort 1)

322

Wenn eine Person von der Jury für gut befunden wird, kommt sie eine Runde weiter und befindet sich somit im Recall.

Es war die Bild-Zeitung, die am Tag nach der Wahl Joseph Ratzingers »Wir sind Papst!« titelte. ⇨ (Antwort 3)

323

Angelehnt ist diese Überschrift an Aussagen wie »Wir sind Weltmeister!«.

Das Zitat »Früher war mehr Lametta« stammt aus dem legendären Film von Loriot »Weihnachten bei Hoppenstedts«. ⇨ (Antwort 3)

324

Ein Danaergeschenk ist ein Geschenk, das zunächst gut wirkt, sich aber als schlecht entpuppt. ⇨ (Antwort 3)

325

Das Wort »Danaergeschenk« geht auf die »Aeneis« des römischen Dichters Vergil zurück. Er bezeichnete damit das Trojanische Pferd, das zunächst wie ein Geschenk wirkte, sich aber als todbringende Gefahr für die Trojaner im Trojanischen Krieg entpuppte. »Danaer« ist ein anderes Wort für die alten Griechen.

Das Zitat »Mein Schatz!« stammt aus dem Film »Herr der Ringe«. ⇨ (Antwort 1)

326

Es wird von dem Monster Gollum in Bezug auf den Ring, der unfassbar mächtig ist, geäußert.

327 **Das Zitat »Da werden Sie geholfen!« stammt von Verona Pooth, geborene Feldbusch.** ⇨ Antwort 2

Als Moderatorin soll sie besonders oft grammatikalische Fehler gemacht haben. Das Zitat »Da werden Sie geholfen!«, mit dem sie Ende der 90er Werbung für eine Telefonauskunft machte, spielt explizit auf ihre grammatikalischen Fehler an.

328 **»Probiers' mal mit Gemütlichkeit« wird in dem Film »Das Dschungelbuch« vom Bären Balu für seinen Freund, das Menschenkind Mogli, gesungen.** ⇨ Antwort 1

Das Zitat ist der Anfang und der Refrain des von Terry Gilkyson verfassten und von Heinrich Riethmüller ins Deutsche übersetzten Lieds. Im englischen Original lautet es »The Bare Necessities« (deutsch »das Allernotwendigste«).

329 **Der Ausdruck »Big Brother is watching you« stammt aus dem Roman »1984« des englischen Schriftstellers George Orwell.** ⇨ Antwort 2

In seinem Roman zeichnet Orwell das Schreckensbild eines menschenverachtenden totalitären Staates, in dem das Individuum totaler Überwachung unterliegt und selbst bis in intimste Bereiche verwaltet und beherrscht wird. An der Spitze des Staatsapparates steht ein fiktiver Parteiführer, der »Große Bruder« (englisch: *Big Brother*), dessen Bild allgegenwärtig ist und der mit seinen Augen jedem überallhin zu folgen scheint.

330 **Das Zitat »Ich habe fertig!« stammt von dem italienischen Fußballtrainer Giovanni Trapattoni.** ⇨ Antwort 2

Nachdem der FC Bayern München unter seiner Trainerschaft mehrfach verloren hatte und Trapattoni ins Kreuzfeuer der Kritik geraten war, äußerte dieser seinen Ärger durch den im Deutschen fehlerhaften Satz. Weitere bekannte Zitate aus seiner Zornesrede von 1998 sind »Was erlauben Strunz?« und »wie eine Flasche leer«.

Die Auswertung

Jetzt heißt es Punkte zählen! Wie ist das Duell zwischen Ihnen und dem Duden ausgegangen? Haben Sie den Duden geschlagen oder hat er doch den ein oder anderen Punkt gemacht? Hier finden Sie die Auswertung. Ob Sie gewonnen haben oder nicht, der Duden zieht den Hut vor allen, die es bis hierhin geschafft haben.

Genie (ab 300 richtigen Antworten)

Wow! Ihnen macht so schnell niemand etwas vor. Ihre Sprach-
kompetenz wird allseits geschätzt. Die Regeln der Rechtschreibung
kennen Sie in- und auswendig. Die richtige Grammatik und eine genaue Kenntnis von Fremd- und Sprichwörtern zeichnen Sie aus. Auch
in stressigen Situationen kommen Sie fast nie ins Zweifeln. Sie sind
dem Duden in jeder Hinsicht gewachsen: Mühelos könnten Sie die
Seiten tauschen und den Duden fortan schreiben, statt in ihm nach-
zuschlagen.

2 45 Gd.

Champion (ab 230 richtigen Antworten)

Dieses Duell war kaum eine Herausforderung für Sie. Ohne mit der
Wimper zu zucken, haben Sie den Duden Runde um Runde aus dem
Rennen geworfen. Ein bisschen Grammatik hier, ein bisschen Recht-
schreibung da, kein größeres Problem! Auch die Wahl des passenden
Wortes fällt Ihnen leicht. Nur hin und wieder ist es dem Duden ge-
lungen, mit schwierigen Fällen aus dem Repertoire der deutschen
Sprache einen Treffer zu landen. Ob er das bei einer Revanche auch
schaffen würde? Mehr als fraglich!

Profi (ab 165 richtigen Antworten)

Indem Sie all Ihre Register gezogen haben, konnten Sie sich gegenüber dem Duden durchsetzen. In einem großen Spektrum an Themen
zur deutschen Sprache haben Sie die meisten Aufgaben souverän
gelöst. Grammatik, Fremdwörter, Rechtschreibung – damit sind Sie
mehr als vertraut. An der ein oder anderen Stelle konnten die Fragen
Sie noch überraschen, aber mit ein bisschen mehr Übung werden Sie
bald zum Champion oder Genie in diesem Spiel aufsteigen.

Kenner/Kennerin (ab 100 richtigen Antworten)

Nur knapp sind Sie dem Duden unterlegen. Dank Ihrer guten Kenntnisse der deutschen Sprache haben Sie Ihre Chancen genutzt, und dabei ist sicher die ein oder andere Schweißperle geflossen. Spezialfälle, z. B. bei der Bedeutung oder Aussprache von Wörtern, sind Ihnen noch nicht geläufig. Wenn Sie im Alltag häufiger nachschlagen und wissensdurstig bleiben, werden Sie den Duden in einer erneuten Quizrunde sicher bald hinter sich lassen.

Amateur/Amateurin (ab 30 richtigen Antworten)

Puh, das war ein harter Kampf! Der Duden war Ihnen noch in vielen Runden überlegen. Ob Stil, Synonyme oder Redewendungen – Ihr Gegner hatte viele Tücken parat. Doch Sie haben nicht aufgegeben und dadurch immer wieder einen Punkt gemacht. Gerade in schwierigen Situationen zweifeln Sie noch zu stark. Aber mit Ihrer Leidenschaft zum Deutschen, Ihrer Hartnäckigkeit und ein bisschen mehr Übung werden Ihre Chancen bei einer zweiten Runde deutlich besser stehen.

Laie/Laiin (bis zu 30 richtige Antworten)

Aller Anfang ist schwer. Sie haben Ihr Bestes gegeben und sich den Herausforderungen unermüdlich gestellt: Einen Treffer nach dem anderen hat der Duden im Duell gelandet, doch Sie haben nicht aufgegeben und weitergemacht. Dafür zollt der Duden Ihnen den größten Respekt! Ihre Stärke ist Ihre Faszination für die deutsche Sprache. Mit dieser Haltung ist der Weg zum Erfolg nicht mehr weit. Wenn Sie jetzt noch ein bisschen mehr üben und hinterfragen, werden Sie in Zukunft unschlagbar sein.

Spiel 1

S. 9:	GINGKO
S. 11:	OBULUS
S. 13:	ANHAND
S. 15:	BARFUß
S. 17:	PIKSEN
S. 19:	BREZEL
S. 22:	EXZELLENT

Spiel 2

S. 25:	MEHREN
S. 27:	LENZEN
S. 29:	MISSEN
S. 32:	ENTBIETEN

Spiel 3

S. 35:	PURPUR
S. 37:	ORANGE
S. 40:	ANTHRAZIT

Spiel 4

S. 43:	SYNTAX
S. 45:	PASSIV
S. 47:	PLURAL
S. 50:	INDIKATIV

Spiel 5

S. 53:	COMEDY
S. 55:	SHORTS
S. 57:	CUTTER
S. 60:	HIGHLIGHT

Spiel 6

S. 63:	SOZIAL
S. 65:	PATENT
S. 67:	SONETT
S. 70:	INFORMANT

Spiel 7

S. 73:	PENDEL
S. 75:	AFFEKT
S. 77:	KAISER
S. 80:	FUNDIEREN

Spiel 8

S. 83:	SPEISE
S. 85:	IMBISS
S. 88:	ABENDBROT

Spiel 9

S. 91:	SANDTE
S. 93:	WANDTE
S. 95:	SAUGTE
S. 98:	GEGLOMMEN

Spiel 10

S. 101:	GEHALT
S. 103:	SCHILD
S. 105:	KIEFER
S. 108:	VERDIENST

Spiel 11

S. 111:	STRAßE
S. 113:	FINGER
S. 115:	WASSER
S. 118:	SCHWEIGEN

Spiel 12

S. 121:	AUSTEN
S. 123:	GOETHE
S. 125:	HANSEN
S. 128:	HEMINGWAY

Bibliographisches Institut, bearbeitet von Kontor Korrekt:
35 oben, 35 Mitte, 35 unten, 36 oben, 36 Mitte, 36 unten, 37 unten,
39 oben, 39 Mitte, 39 unten, 40 oben, 40 Mitte

Bibliographisches Institut, bearbeitet von Kontor Korrekt und Agentur Schwarzburg: 34 oben, 37 Mitte, 38 Mitte, 38 unten,
40 unten

Kontor Korrekt: 34 Mitte, 37 oben

Kontor Korrekt, bearbeitet von Agentur Schwarzburg: 38 oben

Alle anderen Illustrationen: Julia Depis

Bibliografische Information der Deutschen Nationalbibliothek

Die Deutsche Nationalbibliothek verzeichnet diese Publikation in der Deutschen Nationalbibliografie; detaillierte bibliografische Daten sind im Internet über http://dnb.dnb.de abrufbar.

© Duden 2022   D C B A

Bibliographisches Institut GmbH, Mecklenburgische Straße 53, 14197 Berlin

Konzept Gerhard Grubbe
Redaktion Dr. Melanie Kunkel, Julia Renkwitz
                  unter Mitarbeit von Nicola Eske
Herstellung Uwe Pahnke
Layout Julia Depis, Berlin
Satz Dirk Brauns, estra.de, Berlin
Umschlaggestaltung und -abbildung Julia Depis, Berlin
Druck und Bindung AZ Druck und Datentechnik GmbH,
Heisinger Straße 16, 87437 Kempten

Printed in Germany

ISBN 978-3-411-75722-0
www.duden.de